rororo

rororo sprachen Herausgegeben von Ludwig Moos

Wer neugierig ist auf andere Länder und ihre Menschen, der kommt um Sprachkenntnisse nicht herum. ***Französisch in letzter Minute*** bietet den Einstieg für alle, denen ein ganzes Lehrbuch zu langweilig und ein herkömmlicher Sprachführer zu wenig didaktisch ist. Wer diesen Crashkurs, möglichst mit der zugehörigen Toncassette (60913), durcharbeitet, der erwirbt dank einer ausgefeilten Methode rasch die Fähigkeit, sich in Frankreich und den französischsprachigen Ländern zu verständigen. Informationen zum Alltag und jede Menge praktischer Tipps verkürzen den Weg zu der anderen Kultur. Das französisch-deutsche, deutsch-französische Wörterbuch im Anhang hält über das im Sprachkurs verwendete Vokabular hinaus einen soliden Grundwortschatz bereit.

Sprachkurse für Überflieger gibt es außerdem zu ***American Slang*** (9623, 9624), ***Arabisch*** (9541, 9542), ***Englisch*** (60908, 60909), ***Griechisch*** (19917, 19919), ***Italienisch*** (60914, 60915), ***Portugiesisch*** (9686, 9687), ***Spanisch*** (60917, 60918) und ***Türkisch*** (9688, 9689).

Isabelle Jue und ***Nicole Zimmermann*** sind beide Französinnen. Sie leben in Frankfurt und leiten eine eigene Sprachschule. In den Sprachkursen, die sie auch in Frankreich durchführen, wenden sie eine kommunikative Lehrmethode an. Bei rororo sprachen liegen außerdem von ihnen vor: ***Le Français avec les Frustrés*** (8423) in Zusammenarbeit mit der Comic-Autorin Claire Bretécher und der Aufbaukurs ***Français Deux*** (9311).

Überarbeitete Neuausgabe
25. – 30. Tausend April 2000

Veröffentlicht im Rowohlt Taschenbuch Verlag GmbH, Reinbek bei Hamburg, Januar 1994

Umschlaggestaltung Barbara Thoben
(Illustration Dieter Braun)
Layout Stefan Kopanski
Satz Minion und Thesis Sans PostScript, QuarkXPress 4.04
Gesamtherstellung Clausen & Bosse, Leck
Printed in Germany
ISBN 3 499 60911 8

Die Schreibweise entspricht den Regeln der neuen Rechtschreibung.

Isabelle Jue • Nicole Zimmermann

Französisch

in letzter Minute
Sprachkurs für Überflieger

Herausgegeben von
Christof Kehr

Rowohlt Taschenbuch Verlag

Inhalt

COUPE ITALIENNE
COUPE CALECHE
COUPE EXCELSIOR

Vorwort

Sprachforscher schätzen, dass es auf der Erde über 4000 eigenständige Sprachen gibt. Wer mehr als drei Fremdsprachen kann, der wird landläufig bewundert. Wer sich gar in mehr als zehn Fremdsprachen auszudrücken versteht, wird als Genie gehandelt. «Dem fliegt das halt zu» ist die gängige Erklärung. Doch Sprachen zu lernen ist – außer für Kinder – auch mit Arbeit verbunden. Wir glauben nicht an Zauberei beim Sprachenlernen – es sei denn, einer schnappt leicht auf und kann das Aufgeschnappte zuverlässig speichern. Alle anderen kommen um ein mehr oder minder intensives Training nicht herum.

Die **Überflieger**-Sprachführer bieten einen schnellen ersten Zugang zu anderen Kulturen. Sie vermitteln das Allerwichtigste – das, was jeder in den ersten Tagen und Wochen sagen und verstehen muss, wenn er sich nicht stumm, taub und verunsichert durch das fremde Land bewegen möchte. Sie schleifen das notwendigste Wissen mit einer ausgefeilten Methode ein. Denn es genügt nicht, wie dies die Mehrzahl der Sprachführer tut, fertige Sätze und Wortlisten zu servieren. Die meisten Lernwilligen fühlen sich da zu Recht im Stich gelassen. Der Stoff muss gekaut und verdaut werden. Wer eine andere Sprache lernt, dem muss ein neues Wort etwa dreizehnmal begegnen, bis es in seinen aktiven Wortschatz eingeht. Den Weg dahin wollen wir für den Anfang verkürzen.

Französisch in letzter Minute bringt Ihnen rund 300 Wörter und Wendungen bei. Es stellt sie in einen Zusammenhang, sorgt durch wiederholtes Üben dafür, dass sie sich einprägen, und gibt darüber hinaus noch nützliche Informationen und kulturelle Tipps für den Aufenthalt in Frankreich.

Damit keine falschen Erwartungen aufkommen: Eine richtige Zeitung zu lesen oder sich über die gesellschaftliche Rollenverteilung von Mann und Frau zu unterhalten erfordert ein Sprachvermögen, das sich erst in Monaten oder Jahren einstellt. Auch werden Sie mit diesem Buch nicht lernen, auf Französisch im Internet zu chatten. Dazu bedarf es besonderer Sprachkenntnisse.

Schlagen Sie die erste Lektion auf, schieben Sie, wenn möglich, den Tonträger zum Buch ein, und legen Sie los. Scheuen Sie sich nicht, den Stoff dreimal oder viermal durchzukauen. Und trauen Sie sich, die Aussprache etwas zu übertreiben – das hilft bestimmt.

Wenn Sie aus dem Auto, Bus oder Flugzeug steigen, werden Sie anfangen zu verstehen und bald auch selbst verstanden werden. Viel Spaß dabei!

Christof Kehr

Gebrauchsanweisung

Vorab

Mit diesem Buch lernen Sie rund 300 Wörter und Wendungen, die in verschiedene Themen gepackt sind. Jedes Thema besteht aus drei Lektionen und einer Zusammenfassung zum Wiederholen und Überprüfen.

Blättern Sie das ganze Buch einmal durch und machen Sie sich den Aufbau klar:

1. Hinweise zur Aussprache
2. Fünf Themen mit fünfzehn Lektionen
3. Lösungen der Übungen und Tests
4. Kurzgrammatik
5. Wörterbuch Französisch – Deutsch und Deutsch – Französisch

Die Bedeutung der Zeichen

1–15 Diese Zahlen stehen für die einzelnen Lektionen. Planen Sie für jede Lektion einen Tag. Nach ungefähr zwei Wochen sollten Sie also den wichtigsten Lernstoff des Buches durchgearbeitet haben. Selbst wenn Sie dann nicht alles aktiv beherrschen, werden Sie das meiste doch wieder erkennen und verstehen.

Nach drei Lektionen wird das neu Gelernte vertieft, mit landeskundlichen Tipps ergänzt und abgefragt. Das Z steht für Zusammenfassung.

Lernen läuft nicht nur übers Lesen, sondern auch übers Hören. Was den einen Lerntyp vom anderen unterscheidet, ist die Gewichtung: mehr Lesen oder mehr Hören. Wir bieten beide Möglichkeiten, denn zum Buch gibt es einen Tonträger. So kann jeder selbst wählen, ob er Wörter und Dialoge zuerst liest oder hört. Als Hörverständnis-Training gibt es immer Übungen auch von der Audio-CD oder der Toncassette. Die Nummern geben immer die Tracknummer der Audio-CD an. Wenn Sie mit der Toncassette arbeiten, bleibt Ihnen nicht anderes übrig, als vor- und zurückzuspulen. Sie können das aber vereinfachen, indem Sie immer nullen, wenn Sie eine Übung oder einen Dialog oder die Vokabeln mehrmals hören möchten.
Wenn Sie keinen Tonträger zur Hand haben, dann treiben Sie einen Muttersprachler oder einen Sprachkundigen auf, der Ihnen korrekt vorspricht.

In den Abschnitten mit der Glühlampe finden Sie Mechanismen, nach denen bestimmte Elemente der Sprache (Verben, Mehrzahl, Artikel ...) funktionieren. Wir haben bewußt auf grammatikalischen Ballast verzichtet. Sie sollen sich hier vor allem im Kommunizieren (sich mitteilen, verstehen, in einer bestimmten Situation etwas ausdrücken ...) üben. Wer tiefer in die Grammatik einsteigen möchte, der findet im Anhang eine Übersicht der wichtigsten Regeln.

Das Koffersymbol steht für «Kulturgepäck». Gemeint ist die Alltagskultur. Hier finden Sie hilfreiche Informationen für einen Aufenthalt in Frankreich und für den Zugang zu Land und Leuten.

Der Aufbau der Lektionen

Lesen	Am Anfang steht ein deutscher Text zum **Lesen** mit wissenswerten Informationen rund um das Thema.
Lernen	Unter **Lernen** folgen die bisher unbekannten Wörter mit ihrer Übersetzung. Hören Sie sich die Wörter nach Möglichkeit auf der Audio-CD oder der Toncassette an und sprechen Sie sie nach. Wiederholen Sie das ein paar Mal, damit Sie sich die meisten Wörter einprägen.
Reden	Sie verstehen jetzt die neuen Wörter und nehmen sich im Abschnitt **Reden** die Dialoge vor. Kinderleicht, denn es kommt ja nichts Neues, dafür stehen die Wörter aber im Zusammenhang, geradeso, wie sie einem meist begegnen. Hören Sie die Dialoge ein paar Mal an und lesen Sie sie, prägen Sie sich dabei die Wendungen ein, die für die jeweilige Situation wichtig erscheinen.
Üben	Unter dem Stichwort **Üben** steht, was dieses Buch von anderen Sprachführern unterscheidet. Sie werden nicht mit Wörtern, Sätzen und Dialogen allein gelassen, sondern haben Gelegenheit, den auf das Allerwichtigste beschränkten Stoff einzuüben, geradeso wie in einem dicken Lehrbuch. Die mit einem Kopfhörer-Symbol gekennzeichneten Übungen können Sie wahlweise mit Buch oder Tonträger ausführen.

	Die Zusammenfassung der Themen
Alle Wörter	Hier finden Sie, verschnürt in kleine Portionen zum Pauken, alle Wörter der drei letzten Lektionen, diesmal andersherum: deutsch-französisch.
Service	Diese Seite bietet noch einige weiterführende Informationen.
Prüfstand	Zum Abschluss gibt es einen Wiederholungstest, der nochmals den wichtigsten Lernstoff abfragt und einschleift. Wenn Sie gut abschneiden wollen, dann müssen Sie auch die Lesen-Texte am Anfang der Lektionen aufmerksam durchlesen, sie werden nämlich ebenfalls abgefragt.

	Das Angebot im Anhang
Kurzgrammatik	Die **Kurzgrammatik** ist für alle, die es genauer wissen wollen, die ein Minimum an Theorie brauchen, um gezielter zu lernen. Man kann hier nachschlagen, wie zum Beispiel die Mehrzahl gebildet, wie ein Verb konjugiert oder ein Befehl ausgedrückt wird. Das Wichtigste an Theorie ist aber in den jeweiligen Lektionen schon erklärt.
Schlüssel	Der **Schlüssel** bringt die Lösungen aller Übungen und Tests und dient der Selbstkontrolle.
Wörterbuch	Das französisch-deutsche **Wörterbuch** enthält, über die in den Lektionen gelernten Vokabeln hinaus, unbekannte Wörter, die Ihnen auf Schildern, Speisekarten, in Zeitschriften, auf Tickets, Reklametafeln, in den Medien oder wo auch immer begegnen mögen. Im deutsch-französischen Teil können Sie alles finden, was Sie zur aktiven Verständigung brauchen.

Aussprache

Diese Seite brauchen Sie nicht zu pauken. Die Erklärungen sollen Ihnen dann helfen, wenn Sie nicht wissen, wie ein bestimmter Laut ausgesprochen wird. Der wichtigste Unterschied zum Deutschen sind die Nasale: Vokale, die durch Mund und Nase gleichzeitig gesprochen werden. Nasale werden immer mit Vokal und «-n» oder «-m» geschrieben, aber nur als ein Laut gesprochen.

Die Aussprache – Prononciation		
geschrieben:	***gesprochen:***	***gesprochen wie:***
en, em	[ã]	Cam**em**bert, **en**gagieren, **en** pass**an**t
an, am	[ã]	Gourm**and**, gr**and** prix
on, om	[õ]	Kassenb**on**, B**onbon, on** parle français, m**on** chéri, Avign**on**, Dij**on**
in, im, ein, eim ain, aim	[ĩ]	T**ein**t, Mannequ**in**, R**eim**s, Jean Gab**in**, S**ain**t-Tropez
un, um	[ĩ]	Parf**um**

[à]

Einige Vokale werden anders geschrieben, als wir sie lesen würden:

geschrieben	*gesprochen*	*wie in:*
u	[ü]	s**ü**ß
e	kurz, fast wie [ö]	bös**e**, au r**e**voir
é	[eh]	S**ee**, Kl**ee**, libert**é**
ê, è	[ä]	**Ä**hre, m**ä**hen

Viele doppelte Vokale haben ihre eigene Lautung:

geschrieben:	*gesprochen:*	*wie in:*
ou	[u]	J**ou**rnalist, T**ou**rist
au, eau	[o]	Bur**eau**, Kl**o**
eu	[ö]	Fris**eu**r
oi	[oa]	**Oa**se, L**oi**re

Die Franzosen unterscheiden zwischen hellen **(e, i)** und dunklen Vokalen **(a, o, u)**. Je nachdem ändert sich die Aussprache von **«c»** und **«g»**:

geschrieben:	*gesprochen:*	*wie in:*
ce, ci	[sse, ssi]	**Céci**le, Ni**ce**,
ca, co, cou	[ka, ko, ku]	**Ca**nnes, **Co**gnac, **cou**sin
ge, gi	[sch]	**Gé**rard, **Gi**lbert, gara**ge**
ga, go, gou	[ga, go, gu]	**Ga**rage, **go**lf, **gou**rmand

Als Faustregel für das «**s**» gilt: Am Wortanfang scharf wie Doppel-**«s»**, genauso das **«c»** mit Häkchen: **«ç»** (Cédille).

Le bœuf der Ochs, *la vache* die Kuh, *la porte* die Tür mach auf und zu. So oder so ähnlich lautet der erste Kontakt mit der Sprache unseres Nachbarn. Umgekehrt läuft es auch nicht sinnreicher ab: Ach-tun-ge – waas iiist dasss? Kach-tofföln? Französisch ist Neu-Latein, ebenso wie Italienisch, Spanisch, Portugiesisch oder Rumänisch. Die Römer nahmen ihre Sprache mit in die Kolonien, mischten sich mit den Einheimischen, und was daraus entstand, waren neue Völker mit neuen (romanischen) Sprachen. Im Land der Gallier zwischen Alpen und Atlantik verschmolz das Vulgärlatein mit Gallisch zu Französisch. Auch die Kelten haben ihre Spuren hinterlassen, an vielen Ortsnamen wie Cognac oder Bergerac ist noch die keltische Herkunft auszumachen. Durch Kriege, Handel und andere Beziehungen sind viele Fremdwörter in den französischen Wortschatz eingegangen: *philosophie*, *thérapie* aus dem Griechischen, *alcool*, *algèbre* aus dem Arabischen oder *képi*, *kitsch*, *ersatz* aus dem Deutschen. Seit den sechziger Jahren haben sich englische Wörter so stark in die Alltagssprache eingenistet, dass man für dieses anglisierte Französisch einen eigenen Begriff eingeführt hat: *franglais.*

Wer schon eine andere romanische Sprache gelernt hat, wird sich schnell zurechtfinden. Doch auch wer keine dieser Sprachen beherrscht, wird überrascht sein, wie viele Wörter er wieder erkennt: nicht nur *café, bistro, restaurant, rendez-vous, roulette, baguette* oder *prêt-à-porter*, sondern auch Wörter, die allesamt als Fremdwörter ins Deutsche eingegangen sind: *politique, président, racisme, féminisme, génération, nation ...* Die Liste ist lang, jeder, der mit Französisch beginnt, verfügt also schon von vornherein über einen beachtlichen Wortschatz.

Bonjour!

Guten Tag!

Zur Zeit der Französischen Revolution sprach die Hälfte der Bevölkerung Dialekt. Erst mit der Einführung der Schulpflicht, Ende des 19. Jahrhunderts, setzte sich die französische Hochsprache durch. Nur einige regionale Sprachen haben den Zentralismus überlebt: Bretonisch, Elsässisch, Korsisch, Baskisch, Okzitanisch und Katalanisch werden, vor allem auf dem Land, noch gesprochen. Der Tourist braucht sich darum nicht zu kümmern: Alle Franzosen beherrschen Hoch-Französisch. Die Unterschiede der Herkunft machen sich nur noch im Akzent bemerkbar.

Europa, Nordamerika, Südamerika, Afrika, Asien, Polynesien – Französisch wird in über fünfzig Ländern gesprochen. Es ist für 150 Millionen Menschen Mutter- oder Verkehrssprache: in Frankreich, Teilen von Belgien und der Schweiz, in Luxemburg, in den ehemaligen Kolonien Nord- und Westafrikas, auf Madagaskar, in Teilen Ostasiens und in den Übersee-Territorien, die der Kolonialmacht Frankreich verblieben sind: Martinique und Guadeloupe in der Karibik, Französisch-Guayana, Polynesien und ein paar verstreute Inseln in der Südsee. *On parle français* gilt außerdem für die kanadischen Provinz Québec, deren Hauptstadt Montréal immerhin die zweitgrößte Französisch sprechende Stadt auf der Welt ist.

Französisch gilt als schwierig – zu Recht. Aber keine Bange: Mit einigen einfachen Sprachmustern und einem Mindestwortschatz kann man sich als Reisender gut durchschlagen. Die Aussprache bereitet manchmal mehr Schwierigkeiten, aber auch die sind zu bewältigen. Und wer nicht unbedingt alles wörtlich übersetzt haben möchte, wird merken, dass man sehr viel aus Situation, Gestik und Mimik verstehen kann. Am besten, man platziert sich nach der Ankunft in Frankreich erst mal auf einer sonnigen Terrasse und lässt die Leute auf sich wirken.

Noch ein wichtiger Tipp. Fehlt Ihnen ein französisches Wort, sagen Sie einfach *le truc* oder *le machin*: Beide bedeuten ungefähr «Ding» oder «Dingsda» und werden von den Franzosen ständig gebraucht.

bonjour *guten Tag*
Monsieur *mein Herr*
Mademoiselle *mein Fräulein*
ça va? *wie geht's?*
ça va *es geht*
bonsoir *guten Abend*
Madame *meine Dame*
tu vas bien? *geht es dir gut?*
oui *ja*
merci *danke*
salut *hallo, tschüs*
pas mal *nicht schlecht*
bonne après-midi *einen schönen Nachmittag*
à demain *bis morgen*
au revoir *auf Wiedersehen*
bonne nuit *gute Nacht*
beaucoup *viel*
à bientôt *bis bald*

Sich bedanken

merci	danke
merci beaucoup	vielen Dank

Man antwortet nicht mit *s'il vous plaît*, sondern mit *de rien* – keine Ursache – oder *je vous en prie* – ich bitte Sie.

Aussprache

geschrieben	gesprochen	Beispiel
ç	«ss»	ça va
on	wie in «Kassenbon»	bonjour
ain	wie in «Mannequin»	demain
ien	rien ne va plus	bien
oui	«ui»	oui
oi	«oa»	au revoir
ou	«u» wie in «Journalist»	bonjour
ui	«üi»	nuit
au, eau,ô	«o»	au revoir, bientôt, beaucoup
u	wie in «süß»	salut

1. «Monsieur» wird komischerweise «Mösiö» ausgesprochen, das heißt ohne Nasal und ohne «r» am Ende.
2. «e» am Ende eines Wortes wird nicht gesprochen.

Madame	«madam»
Mademoiselle	«madmoasel»
bonne	«bonn»

Guten Tag und auf Wiedersehen

Bonjour Monsieur.	Guten Tag, mein Herr.
Bonjour Mademoiselle.	*Guten Tag, mein Fräulein.*
Ça va?	Wie geht's?
Ça va.	*Es geht.*
Bonsoir François.	Guten Abend, François.
Bonsoir Madame Durand.	*Guten Abend, Frau Durand.*
Tu vas bien?	Geht es dir gut?
Oui, merci.	*Ja, danke.*
Salut!	Hallo!
Salut!	*Hallo!*
Ça va?	Wie geht's?
Pas mal.	*Nicht schlecht.*
Salut!	Tschüs!
Bonne après-midi!	*Einen schönen Nachmittag!*
À demain?	Bis morgen?
À demain.	*Bis morgen.*
Au revoir.	Auf Wiedersehen.
Bonne nuit.	*Gute Nacht.*
Merci beaucoup.	Vielen Dank.
À bientôt.	*Bis bald.*

bonjour, bonsoir, bonne après-midi, bonne nuit

Bonjour und *bonsoir* werden als Begrüßung verwendet:
bonjour vom Morgen bis zum frühen Abend,
bonsoir bis zum nächsten Morgen.
Bonne après-midi und *bonne nuit* werden nur zum Abschied gebraucht:
bonne après-midi, wenn der Nachmittag noch vor einem liegt,
bonne nuit, wenn man anschließend ins Bett geht.

salut

Es ist eine lockere, vielfach verwendbare Floskel, sowohl beim Begrüßen als auch beim Verabschieden, morgens wie abends.

ça va? ça va

Es ist sowohl Frage als auch Antwort: Geht's gut? – Es geht. Die Intonation ist wichtig: Man kann *ça va* fragend, fröhlich oder muffig aussprechen.

1. Wie lautet die richtige Antwort?

1. Bonjour.
a Bonne après-midi.
b Salut!

2. Ça va?
a Pas mal.
b Merci.

3. Salut!
a À bientôt.
b Merci beaucoup.

4. Bonne nuit.
a À demain.
b Bonsoir.

5. Tu vas bien?
a Au revoir.
b Oui, merci.

2. Wie heißt es auf Französisch?

4

1. guten Tag ....
2. tschüs ....
3. wie geht's ....
4. nicht schlecht ....
5. bis bald ....
6. vielen Dank ....

3. Was passt hier nicht?

1. bonjour – salut – beaucoup – bonsoir – tu vas bien?
2. au revoir – pas mal – à demain – à bientôt – bonne nuit

4. Was gehört zusammen?

1. Tu vas bien?	**a** Bonjour, Monsieur Dupont.
2. Au revoir.	**b** Oui, merci.
3. Bonjour Michel.	**c** À demain.

5. Was sagen Sie, wenn Sie...

1. Freunde in einer Kneipe treffen?
2. in ein Geschäft gehen, und die Verkäuferin ist eine nette junge Dame?
3. sich bei Ihren Gastgebern bedanken?
4. um 8 Uhr abends Bekannte auf der Straße treffen?
5. wissen wollen, wie es Ihren Freunden geht?

Die Begrüßung

Französinnen und Franzosen küssen gern, ganz gleich wann, wo oder wen. Man küsst sich, wenn man sich trifft und verabschiedet, in der Familie, unter Freunden und guten Bekannten. Auch Freunde von Freunden werden geküsst, sobald sie vorgestellt wurden. Der Begrüßungskuss ist allerdings kein Kinokuss: Man legt Wange an Wange und küsst in die Luft. Wie viele Küsse sollen es sein, und auf welcher Seite fängt man an? Links-rechts, links-rechts-links, rechts-links-rechts-links? Das variiert je nach Region. Am besten guckt man, was die anderen machen. Männer untereinander geben sich die Hand, nur innerhalb der Familie und unter sehr guten Freunden küssen sie sich. Bei größeren Gesellschaften kann man, um die Küsserei zu vermeiden, einfach *salut* sagen und dabei ein Handzeichen machen. Wenn es formeller zugeht, wie im Geschäftsleben, dann genügt eine Hand und tagsüber dazu ein *bonjour*, abends ein *bonsoir*.

Der Abschied

Beim Abschied gilt dasselbe Zeremoniell wie bei der Begrüßung, nur sagt man *au revoir, à demain, à bientôt, à plus tard* – bis später – oder *bonne nuit*. Das ins Deutsche eingegangene *adieu* steht für «mach's gut» und hieß ursprünglich «geh mit Gott». Man sagt es, wenn man sich längere Zeit nicht mehr sehen wird. *Adieu* wird in Deutschland übrigens manchmal «atschö» gesprochen, daraus ist dann «tschüs» entstanden.

comment tu t'appelles? *wie heißt du?*

je m'appelle *ich heiße*

tu es *du bist*

Français *Franzose*

non *nein*

je suis *ich bin*

Allemand *Deutscher*

mon nom est *mein Name ist*

Allemande *Deutsche*

en vacances *im Urlaub/ in den Ferien*

et toi? *und du?*

aussi *auch*

seule *allein*

avec *mit*

un ami *ein Freund*

l'étudiante *die Studentin*

je travaille *ich arbeite*

dans *in*

un bureau *ein Büro*

en Allemagne *in Deutschland*

le docteur *der Doktor, Arzt*

Aussprache

geschrieben	gesprochen	Beispiel
eu	«ö» wie in «Mörder»	seul, docteur
c vor e, i	«ss»	voici, vacances
c vor a,o, u	«k»	vacances
ail	«ei»	travaille
ai, ais	«ä»	Français

Der Artikel

le docteur **der** Doktor	**la** nuit **die** Nacht	**un** docteur **ein** Doktor	**une** nuit **eine** Nacht

«l'» kann «der» oder «die» bedeuten. Es steht vor Wörtern, die mit einem Vokal anfangen (a, e, i, o, u).

Zum Glück gibt es kein «das» auf französisch.

Der kleine Unterschied

«e» am Ende eines Wortes ist das Merkmal der Weiblichkeit.

le Français der Franzose	**la Française** die Französin	**l'étudiant** der Student	**l'étudiante** die Studentin
l'Allemand der Deutsche	**l'Allemande** die Deutsche	**un ami** ein Freund	**une amie** eine Freundin

Merke: Der Konsonant am Ende eines Wortes wird erst in der weiblichen Form gesprochen:

Français franssä **Française** franssäs

Sich vorstellen

Comment tu t'appelles?	Wie heißt du?
Je m'appelle Christian.	*Ich heiße Christian.*
Tu es Français?	Bist du Franzose?
Non, je suis Allemand.	*Nein, ich bin Deutscher.*
Tu t'appelles Brigitte?	Heißt du Brigitte?
Non, mon nom est Sophie.	*Nein, mein Name ist Sophie.*
Tu es Allemande?	Bist du Deutsche?
Non, je suis Française.	*Nein, ich bin Französin.*
Tu es en vacances?	Bist du im Urlaub?
Oui, et toi?	*Ja, und du?*
Je suis aussi en vacances.	Ich bin auch im Urlaub.
Tu es seule?	Bist du allein?
Non, je suis avec un ami.	*Nein, ich bin mit einem Freund.*
Tu es étudiante?	Bist du Studentin?
Non, je travaille dans un bureau.	*Nein, ich arbeite in einem Büro.*
En Allemagne?	In Deutschland?
Oui, et toi?	*Ja, und du?*
Je suis docteur.	Ich bin Arzt.

Wichtige Verben

je suis	ich bin
tu es	du bist
je travaille	ich arbeite
tu travailles	du arbeitest
je m'appelle	ich heiße
tu t'appelles	du heißt

Wenn man nicht verstanden hat

pardon?	Entschuldigung?
comment?	wie?
plus lentement	langsamer
répétez, s'il vous plaît	wiederholen Sie bitte
je ne parle pas français	ich spreche kein Französisch

1. Wie lautet die richtige Antwort?

7

1. Comment tu t'appelles?
   a Mon nom est Michel.
   b Je suis Français.

2. Tu es Allemand?
   a Oui, je suis étudiant.
   b Non, je suis Français.

3. Tu travailles?
   a Oui, je suis Allemand.
   b Oui, dans un bureau.

2. Sind Sie neugierig? Fragen Sie nach folgenden Begriffen

*«Tu es **Français**?»*

1. Français
2. étudiante
3. en vacances
4. seul
5. avec une amie
6. Allemande
7. docteur

3. Was gehört zusammen?

1. Tu es Allemande?
2. Tu es seule?
3. Tu travailles?
4. Comment tu t'appelles?
5. Tu es en vacances?

a Mon nom est De Gaulle.
b Non, je travaille.
c Je suis Française.
d Non, je suis avec un ami.
e Non, je suis étudiant.

4. Was fehlt?

1. Je travaille .... un bureau.
2. Je m'............ Catherine.
3. Je .... en vacances.
4. Tu .... en vacances?
5. Comment .... t'appelles?
6. Mon .... est Jean Nais.

Die Zahlen

In Frankreich wird, wie in jedem hochtechnisierten Land, ein Teil der persönlichen Identität über Zahlen definiert: Adresse, Telefonnummer, Passnummer oder Kreditkarte, nichts läuft mehr ohne Nummer. Ohne die Kenntnis der Zahlen schlägt sich keiner mehr durch den Dschungel des Alltags. Fast alle Zahlen sind regelmäßig gebaut – bis auf ein paar Besonderheiten, deren Logik nicht unbedingt einleuchtet. Besonders happig sind die 80er und 90er: *quatre – vingt – quatorze* – vier (mal) zwanzig (plus) vierzehn: 94.

Die 95 *départements* Frankreichs sind nach der alphabetischen Reihenfolge ihrer Namen von 01 wie Ain bis 89 wie Yonne – mit den sechs neuen *départements* um Paris zum Schluss – durchnummeriert. Die Nummern tauchen in der Postleitzahl wie auf den Nummernschildern der Autos auf: Da sind es die beiden letzten Zahlen. Ein beliebtes Spiel, um unterwegs die Zeit zu vertreiben, ist das Quiz mit den Autonummern. Hier einige Beispiele für den Anfang: 75 ist Paris, 69 Lyon, 13 Marseille, 06 Nizza. Übrigens, bei Adressangaben wird in Frankreich die Hausnummer immer dem Straßennamen vorangestellt.

Für das Telefonieren aus einer *cabine de téléphone* braucht man meistens eine *télécarte*, die bei der Post und in den *bureaux de tabac*, den Tabakläden, erhältlich ist.

Bei den zehnstelligen französischen Rufnummern ist die Vorwahl der Region (01 – Paris und Umgebung, 02 – Nordwesten, 03 – Nordosten, 04 – Südosten, 05 – Südwesten) und der Stadt oder des Départements schon dabei. Innerhalb Frankreichs wählt man die zehn Ziffern, gleich ob man 400 km weit weg oder um die Ecke anruft. Für Deutschland wählt man 00-49, dann die Vorwahl ohne «0» und die Rufnummer. Die Telefonnummern werden normalerweise als Zweiergruppe ausgesprochen, für den Anfang geht es auch Zahl für Zahl.

75: c'est Paris

où *wo*

vous habitez *Sie wohnen/ ihr wohnt*

j'habite *ich wohne*

la rue *Straße*

la ville *Stadt*

le numéro de téléphone *Telefonnummer*

plus lentement *langsamer*

s'il vous plaît! *bitte*

le numéro de passeport *Passnummer*

la carte de crédit *Kreditkarte*

le code secret *Geheimzahl*

pardon *Entschuldigung*

c'est *das ist*

Aussprache

Das geschriebene «h» wird beim Sprechen einfach vergessen:
habiter (abiteh) hôtel (otel)

Die Höflichkeitsform

Vous ist sowohl die Pluralform «ihr» als auch die Höflichkeitsform «Sie».
Um sich das zu merken, denken Sie am besten an die frühere Höflichkeitsform im Deutschen: Ihre Majestät!

j'habite	**vous** habit**ez**
je travaille	**vous** travaill**ez**
je m'appelle	**vous** vous appel**ez**

Merke

Vor einem Vokal («h» zählt nicht als Konsonant) wird «je» zu «j'»:

j'habite	ich wohne
j'ai	ich habe

Les chiffres – die Zahlen

0	zéro	**6**	six
1	un	**7**	sept
2	deux	**8**	huit
3	trois	**9**	neuf
4	quatre	**10**	dix
5	cinq	**11**	onze

Nummern und Zahlen

Où vous habitez?	Wo wohnen Sie?
J'habite dix, rue de la République.	*Ich wohne 10, rue de la République.*
La ville?	Die Stadt?
Six neuf zéro zéro zéro, Lyon.	*Sechs neun null null null, Lyon.*
Le numéro de téléphone?	Die Telefonnummer?
Sept huit deux trois un cinq un zero.	*Sieben acht zwei drei eins fünf eins null.*
Plus lentement, s'il vous plaît!	Langsamer, bitte.
Sept - huit - deux - trois - un - cinq - un - zéro.	*Sieben - acht - zwei - drei - eins - fünf - eins - null.*
Le numéro de passeport?	Die Passnummer?
R, E, huit, six, neuf, sept.	*R, E, acht, sechs, neun, sieben.*
Le numéro de la carte de crédit?	Die Nummer der Kreditkarte?
Quatre, zéro, deux, neuf, six, huit, neuf, trois.	*Vier, null, zwei, neun, sechs, acht, neun, drei.*
Le code secret?	Die Geheimzahl?
Pardon?	*Entschuldigung?*
Le code secret?	Die Geheimzahl?
C'est secret.	*Das ist geheim.*

de – von

Auf Französisch kann man Wörter nicht zusammensetzen, um ein neues Wort zu bilden. Die verschiedenen Wörter werden mit *de* verbunden.

le numéro de passeport	die Passnummer
la carte de crédit	die Kreditkarte
le numéro de téléphone	die Telefonnummer
le nom de la rue	der Straßenname

1. Verlangen Sie nach ...

*«**Le nom**, s'il vous plaît!»*

1. Name
2. Pass
3. Stadt
4. Name der Straße
5. Kreditkarte
6. Geheimnummer
7. Telefonnummer
8. Frau Durand

2. Sagen Sie es auf Deutsch

1. le numéro de téléphone
2. le numéro de passeport
3. la carte de crédit
4. le numéro de la rue
5. le nom de la ville

3. Schreiben Sie die Nummern in Ziffern

deux ... cinq ... un ... neuf ... huit ... dix ... trois ... six ...

zéro ... quatre ... sept

4. Welche Zahl kommt nach ...

1. cinq ...
2. huit ...
3. zéro ...
4. neuf ...
5. quatre ...
6. trois ...
7. neuf ...
8. deux ...
9. un ...

10

5. Geben Sie Ihre Telefonnummer an

1. 069-493052
2. 040-726968
3. 030-50783
4. 00-49-6172-83945
5. 00-33-75369081

6. Fragen Sie höflich, indem Sie siezen

1. Où tu habites?
2. Où tu travailles?
3. Tu t'appelles Christine?

Begrüßen und Verabschieden

guten Tag
bonjour

guten Abend
bonsoir

guten Nachmittag
bonne après-midi

gute Nacht
bonne nuit

wie geht's?
ça va?

geht es dir gut?
tu vas bien?

hallo/tschüs
salut

auf Wiedersehen
au revoir

bis Morgen
à demain

bis bald
à bientôt

bis später
à plus tard

Herr
Monsieur

Frau
Madame

Fräulein
Mademoiselle

Hauptwörter

Ferien
les vacances

Name
le nom

Freund/ Freundin
l'ami/e

Student/ Studentin
l'étudiant/e

Büro
le bureau

Doktor
le docteur

Straße
la rue

Stadt
la ville

Nummer
le numéro

Telefon
le téléphone

Pass
le passeport

Kreditkarte
la carte de crédit

Geheimzahl
le code secret

Verben

wie heißt du?
comment tu t'appelles?

wie heißen Sie?
comment vous vous appelez?

ich heiße
je m'appelle

ich bin
je suis

du bist
tu es

das ist
c'est

ich arbeite
je travaille

Sie wohnen
vous habitez

ihr wohnt
vous habitez

ich wohne
j'habite

Kleine Wörter

ja
oui

nein
non

danke
merci

nicht schlecht
pas mal

viel
beaucoup

und du
et toi

auch
aussi

allein
seul, seule

mit
avec

in
dans, en

wo
où

Entschuldigung
pardon

langsamer
plus lentement

bitte
s'il vous plaît

Land und Leute

Deutschland
Allemagne

Deutscher
l'Allemand

Deutsche
l'Allemande

Franzose
le Français

Französin
la Française

Madame, Monsieur, Mademoiselle

Bonjour wird bei der Begrüßung nie allein benutzt, sondern immer mit *Madame, Monsieur* oder *Mademoiselle*, auch im Geschäft. Wenn man sich kennt, sollten Name oder Vorname dazu gesagt werden, sonst klingt es unhöflich.

Mademoiselle

«Fräulein» wird benutzt für Frauen, die nicht verheiratet sind oder – im Zweifelsfall – jung aussehen. Es klingt nicht abwertend, ganz im Gegenteil. Manche jungen Frauen sind eher beleidigt, wenn sie mit *Madame* angesprochen werden.

tu ou vous?

Obwohl das Duzen sich in den letzten Jahren mehr verbreitet hat, ist es längst nicht so üblich wie in Deutschland. Selbst in der Familie siezen sich Schwiegereltern mit Schwiegertöchtern und Schwiegersöhnen. Unter jungen Leuten oder Freunden kann man ohne große Bedenken duzen. Sonst ist es besser zu warten, bis der andere einem das «Du» anbietet.

Jemanden ansprechen

Pardon, Monsieur ...	enschuldigen Sie ...
Madame, s'il vous plaît ...	bitte ...

Wie beim Begrüßen ist es üblich, Monsieur, Madame oder Mademoiselle dazu zu sagen.

Das Aussprechen geht auch wortlos, indem man die Schulter hochzieht und die Handfläche nach außen dreht – dabei bitte freundlich gucken.

Die kleinen Lückenfüller

bon	kann sowohl zustimmendes «gut» als auch «jetzt reicht's» bedeuten
ah bon	zeigt Interesse und ermuntert weiterzureden
oh	drückt leichte Überraschung aus
euh	füllt Denkpause, entspricht dem deutschen «äh»
bof	meint «es ist mir egal»
eh oui	ist eine Bestätigung
oh là là	drückt Bewunderung, Staunen oder Verlegenheit aus

1. Was ist richtig, a, b oder c?

1. Plus ... s'il vous plaît.
a merci
b Madame
c lentement

2. Au revoir et à ...
a numéro
b bientôt
c bien

3. Le ... de téléphone?
a numéro
b nom
c passeport

4. Je ... Allemande.
a travaille
b m'appelle
c suis

5. Je travaille ... un bureau.
a aussi
b beaucoup
c dans

2. Wie würde der Franzose sagen?

1. Ich bin Franzose.
2. Ich arbeite auch.
3. Ich heiße Brigitte.
4. Bist du Student?
5. Bist du im Urlaub?
6. Ich bin mit einem Freund.
7. Mein Name ist François.

3. Sagen Sie auf Französisch

1. die Vorwahlnummer für Frankreich aus Deutschland.
2. die Vorwahlnummer für Deutschland aus Frankreich.
3. wie viele Finger Sie haben.
4. wie viele Ohren Sie haben.
5. wie viele Buchstaben das Wort «France» hat.
6. wie viele Zahlen eine Bankkarten-Geheimnummer hat.
7. wie viele Zahlen eine französische Telefonnummer hat.

4. Haben Sie aufgepasst?

1. *Le truc* ist

a ein Geheimtipp.
b irgendetwas.
c eine Begrüßungsfloskel.

2. Bei der Begrüßung küssen die Französinnen

a nur die Männer und nicht umgekehrt.
b alle Männer und Frauen, die sie gut kennen.
c nur die Familie.

3. Man spricht mit *Mademoiselle* an:

a geliftete Omas.
b Notärztinnen.
c Frauen, die jung aussehen.

4. Die zweitgrößte Französisch sprechende Stadt ist

a Montréal.
b Lyon.
c Eltville.

5. *Bonne nuit* sagt man,

a sobald es dunkel wird.
b wenn man sich nachts trifft.
c wenn man ins Bett geht.

6. Die französischen Rufnummern

a sind zehnstellig.
b ändern sich nach der Größe der Stadt.
c ändern sich nach der Jahreszeit.

Frankreich, wegen seiner sechseckigen Form auch *l'hexagone* genannt, hat eine Fläche von ca. 550 000 Quadratkilometern. Tausend Kilometer liegen zwischen Strasbourg im Osten und Brest im Westen, zwischen Calais im Norden und Marseille im Süden. Wie bewegt man sich am besten fort in diesem großen Land?

En avion: Mit dem Flugzeug sind die großen Städte wie Paris, Nizza, Marseille oder Lyon am schnellsten zu erreichen, innerhalb von Frankreich bietet Air Inter ein sehr gutes Netz.

En train: Mit dem berühmten *TGV* (gesprochen Tescheweh), dem *train à grande vitesse*, kann man inzwischen schneller von der Pariser Gare de Lyon nach Lyon-Zentrum gelangen als mit dem Flugzeug: fast 500 Kilometer in gut drei Stunden. Alle Franzosen sind sehr stolz auf ihren TGV. Dieser Hochgeschwindigkeitszug fährt in die Bretagne, nach Bordeaux, nach Marseille, Toulouse und auch nach Lausanne in die Schweiz. Wie für alle Verkehrsnetze in Frankreich ist auch für die Bahn Paris der Hauptknotenpunkt: Von Südostfrankreich nach Südwestfrankreich geht es manchmal über Paris viel schneller als auf dem direkten Weg. Für den *TGV* braucht man eine *réservation*, die je nach Fahrzeiten unterschiedlich viel kostet. Neben dem Flaggschiff *TGV* findet man auf den großen Strecken auch den *train Corail*, der nicht gerade sehr schnell und inzwischen etwas veraltet ist. Abgelegene Strecken in der Provinz befährt die langsame *Micheline*, ein Schienenbus mit Dieselantrieb.

En voiture: Das Auto bleibt das verbreitetste Verkehrsmittel der Franzosen. Das chaotische Paris sollte man nach Möglichkeit meiden, ansonsten ist das Straßennetz sehr gut ausgebaut. Die Autobahn bietet sich außerhalb der Hauptverkehrszeiten an, aber nicht an verlängerten

Bon voyage!
Gute Reise!

Wochenenden oder zu Stoßzeiten in den großen Ferien am 14. Juli, 1. und 15. August, wenn halb Frankreich unterwegs ist. *L'autoroute* ist ziemlich teuer: *Le péage*, die Zahlstation, kommt öfter, als man hofft. Billiger wird es, wenn man die *route nationale* benutzt. Man braucht mehr Geduld, hat aber die Möglichkeit, etwas vom Land zu entdecken. Die Geschwindigkeit ist überall begrenzt: 50 Stundenkilometer in Ortschaften, 90 auf der *route départementale*, 110 auf der *route nationale* und 130 auf der Autobahn. Wer den *gendarmes* mit überhöhter Geschwindigkeit in die Falle geht, wird eine Menge Geld los und manchmal auch gleich den Führerschein. Im Übrigen ist das Benzin so teuer, dass es sich gar nicht lohnt, zu schnell zu fahren.

En bus, en car: *Le bus* fährt in der Stadt, *le car* auf dem Lande. In manchen *départements* gibt es keine Alternative, da kein Zugnetz existiert. Die Busfahrt ist nicht unbequem, sie dauert nur etwas länger. Die Verbindungen sind selten *direct*, man muss umsteigen, Geduld haben und immer ganz genau vorher erfragen, welcher Bus am Samstag und Sonntag fährt oder nicht.

En métro: In der U-Bahn kann man sich innerhalb von Paris und Lyon fortbewegen. Das ist schnell, preiswert und praktisch, nur während der *heures de pointe*, in den Stoßzeiten, wird es unangenehm voll: morgens von halb acht bis halb neun und abends gegen 18 Uhr. Der Bus ist ansonsten überall das Hauptverkehrsmittel, auch in Paris, wo man damit zwar langsam vorankommt, aber viel von der Stadt sieht. Zu Fuß ist aber immer noch die beste Art, eine Stadt zu entdecken und zu erleben.

Aussprache

Vous avez wird mit einer Bindung zwischen «s» und «a» ausgesprochen: «wu-saweh». *J'ai* wird «scheh» ausgeprochen.

Das «s» am Anfang eines Wortes wie *salle* oder in der Mitte eines Wortes wie *personne* (perssonn) ist scharf.

Nur «s» zwischen zwei Vokalen ist stimmhaft wie bei *rose*. Bei *ascenseur* (assangssöhr) sind das «s» und das «sc» stimmlos.

vous avez *Sie haben, ihr habt*
la chambre *Zimmer*
pour *für*
la personne *Person*
j'ai *ich habe*
le grand lit *großes Bett*
très bien *sehr schön*
combien de *wie viele*
la nuit *Nacht*
combien coûte? *wie viel kostet?*
la douche *Dusche*
la salle de bains *Badezimmer*
le petit déjeuner *Frühstück*
par *pro*
trop cher *zu teuer*
libre *frei*
le WC *Toilette*
d'accord *einverstanden*
les bagages *Gepäck*
l'ascenseur *Fahrstuhl*
la clé *Schlüssel*

Zahlen

10	dix
11	onze
12	douze
13	treize
14	quatorze
15	quinze
16	seize
17	dix-sept
18	dix-huit
19	dix-neuf
20	vingt
30	trente
40	quarante
50	cinquante
60	soixante

Mehr Zahlen

Bei Zahlen, die mit «un» zusammengesetzt sind, kommt «et» dazwischen (**21** vingt et un)
Von **21** bis **29**, **31** bis **39** usw. werden, im Unterschied zur deutschen Sprache, zuerst die Zehner genannt:

21	vingt et un
22	vingt-deux
23	vingt-trois
24	vingt-quatre
25	vingt-cinq
26	vingt-six
27	vingt-sept
28	vingt-huit
29	vingt-neuf
30	trente
31	trente et un
40	quarante
41	quarante et un
50	cinquante
51	cinquante et un
60	soixante
61	soixante et un

Im Hotel

Bonsoir, vous avez une chambre?	Guten Abend, haben Sie ein Zimmer?
Pour une personne?	*Für eine Person?*
Non, pour deux.	Nein, für zwei.
Oui, j'ai une chambre avec un grand lit.	*Ja, ich habe ein Zimmer mit einem großen Bett.*
Très bien.	Sehr schön.
Combien de nuits?	*Wie viele Nächte?*
Une nuit.	Eine Nacht.
Chambre dix.	*Zimmer 10.*

Combien coûte une chambre?	Wie viel kostet ein Zimmer?
Avec douche?	*Mit Dusche?*
Oui.	Ja.
Deux cents francs.	*Zweihundert Francs.*
Et avec salle de bains?	Und mit Badezimmer?
Avec salle de bains, trois cents francs.	*Mit Badezimmer dreihundert Francs.*
Avec le petit déjeuner?	Mit Frühstück?
Non.	*Nein.*
Combien coûte le petit déjeuner?	Wie viel kostet das Frühstück?
Quarante francs par personne.	*Vierzig Francs pro Person.*
Non, merci, c'est trop cher!	Nein, danke, das ist zu teuer!

Vous avez une chambre libre?	Haben Sie ein Zimmer frei?
Oui, avec salle de bains, WC et téléphone.	*Ja, mit Badezimmer, Toilette und Telefon.*
Bon, d'accord.	Gut, einverstanden.
Vous avez des bagages?	*Haben Sie Gepäck?*
Oui, où est l'ascenseur?	Ja, wo ist der Fahrstuhl?
Là. Voilà la clé, chambre vingt-trois.	*Dort. Hier haben Sie den Schlüssel, Zimmer dreiundzwanzig.*

1. Fragen Sie nach einem Zimmer

«Vous avez une chambre ***pour deux personnes****?»*

1. pour deux personnes
2. avec douche
3. avec salle de bains
4. avec WC
5. avec deux petits lits
6. pour trois nuits
7. avec petit déjeuner
8. avec téléphone

2. Fragen Sie nach dem Preis für das Zimmer

«Combien coûte une chambre ***pour deux personnes****?»*

Acht Fragen wie in Übung **1.**

3. Wie lautet die richtige Antwort?

1. Vous avez une chambre?
   a Pour deux personnes?
   b Non, merci.
2. Combien coûte une chambre?
   a Trois cents francs.
   b Voilà la clé.
3. Avec un grand lit?
   a Oui, avec douche.
   b Non, avec deux petits lits.
4. Combien coûte le petit déjeuner?
   a Quarante francs.
   b Avec salle de bains.
5. Vous avez la clé?
   a Pour deux personnes.
   b Oui, voilà la clé.

4. Was passt zusammen?

1. Une chambre
2. Voilà
3. Combien de
4. Le petit déjeuner
5. Chambre

a la clé.
b avec un grand lit.
c compris.
d dix.
e nuits?

5. Schreiben Sie die Zahl auf Französisch

1. dreißig .... **2.** zweiundzwanzig .... **3.** sechzig ....
4. fünfundfünzig .... **5.** vierzig .... **6.** siebenunddreißig ....
7. neunundzwanzig .... **8.** zwanzig ....

6. Schreiben Sie die nächste Zahl in Ziffern

1. vingt et un .... **2.** trente-cinq .... **3.** vingt-neuf ....
4. quarante-quatre .... **5.** cinquante-six ....

Die Unterkunft

Wer seinen Urlaub an einem bestimmten Ort verbringen will, bucht meist vorher schon: ein *gîte rural* (Ferienhaus), eine Ferienwohnung, ein Hotel oder den Campingplatz. Anders ist es, wenn man nach Lust, Landschaft und Laune reist und bleibt, wo es gefällt. Dann ist Improvisation gefragt: Das *Bureau du tourisme* oder das *Syndicat d'initiative*, die in fast allen Orten vertreten sind, helfen beim Suchen von Unterkünften und mit Informationen über Sehenswürdigkeiten. Außerhalb der Saison (September bis Juni) und in Gegenden, die touristisch nicht so stark erschlossen sind, ist es relativ leicht, *un logement*, eine Unterkunft, zu finden. Frankreich verfügt über eine breite Palette von Möglichkeiten: von Jugendherbergen *(auberge de jeunesse)* bis Luxushotels *(cinq étoiles)*. Sehr beliebt, gerade außerhalb der großen Städte, sind die Zwei-Sterne-Hotels wie zum Beispiel die *logis de France*, die öfter mit *le charme du passé*, nostalgischem Charme der Vergangenheit, eingerichtet sind; ebenso die kleinen Familienhotels. Auch alte Schlösser werden für die Touristen geöffnet. Einige funktionieren wie normale Hotels, bei anderen ist man eher persönlicher Gast des Hausherrn. Auf dem Lande findet man überall die preiswerten *chambres d'hôtes*, das sind Gästezimmer in alten Häusern und auf Bauernhöfen. Von der Landwirtschaft allein können viele Bauern nicht mehr leben. Deshalb gibt der Staat Zuschüsse dafür, dass sie Übernachtungsmöglichkeiten für Touristen bereitstellen. Sehr oft gibt es auf den Höfen *une table d'hôte*: Mahlzeiten mit Produkten aus der Gegend.Wer die großen Campingplätze nicht so mag und mehr Wert auf ländliche Ruhe legt, ist beim *camping à la ferme* gut aufgehoben: Bauern stellen eine begrenzte Fläche für Zelte und einfache sanitäre Einrichtungen zur Verfügung. Diese Unterkunftsmöglichkeit bietet mehr Kontakt zum französischen Alltag auf dem Lande.

Viele Franzosen verbringen ihre Ferien in einer *maison familiale*, das ist ein Ferienzentrum für die ganze Familie: Zimmer mit Halb- oder Vollpension nebst breitem Freizeitprogramm.

chambre	Zimmer
avec un grand lit	mit einem großen Bett
avec deux lits	mit zwei Betten
avec un grand lit et un petit lit	mit einem großen und einem kleinen Bett

In Frankreich bezahlt man im Hotel den Preis für das Zimmer und nicht pro Person. Nur das Frühstück wird pro Person abgerechnet.

à la gare *zum Bahnhof*
je voudrais *ich hätte gerne*
un billet *eine Fahrkarte*
pour Bordeaux *nach Bordeaux*
je vais à *ich fahre nach*
en première *erster (Klasse)*
en seconde *zweiter (Klasse)*
aller et retour *hin und zurück (Rückfahrkarte)*
aller simple *einfach (nur hin)*
le train *Zug*
le quai *Gleis*
à quelle heure? *um wie viel Uhr?*
il part *er fährt ab*
à trois heures dix *um drei Uhr zehn*
libre *frei*
réservé *reserviert*
occupé *besetzt*

14

Je voudrais

«Ich hätte gerne» ist die Höflichkeitsform, um Wünsche zu äußern, um etwas zu fragen, um im Restaurant zu bestellen usw.

Die Uhrzeit

Quelle heure est-il? Wie spät ist es? oder Wie viel Uhr ist es?
Die Antwort lautet:
Il est trois heures – es ist drei Uhr

Von ein Uhr nachts bis elf Uhr morgens ist es kein Problem zu sagen: *il est une heure, deux heures* ...; man kann *du matin* dazusetzen, um präziser zu sein. Nach zwölf Uhr mittags, *midi*, kann man weiter die Uhrzeit angeben mit: *il est deux heures, trois heures* ...; bis sechs Uhr nachmittags kann man auch *de l'après-midi* dazusetzen, von sieben bis elf Uhr nachts *du soir*. Dann kommt zwölf Uhr nachts *minuit*.

3:00	trois heures
3:05	trois heures cinq
3:10	trois heures dix
3:15	trois heures et quart
3:20	trois heures vingt
3:25	trois heures vingt-cinq
3:30	trois heures et demie
3:35	quatre heures moins vingt-cinq
3:40	quatre heures moins vingt
3:45	quatre heures moins le quart
3:50	quatre heures moins dix
3:55	quatre heures moins cinq
4:00	quatre heures

Zweimal pour

Pour heißt meistens «für»: *pour deux personnes* für zwei Personen.
In Verbindung mit einem Ort heißt es auch «nach»:
le train pour Lyon der Zug nach Lyon
le billet pour Marseille die Fahrkarte nach Marseille

Mehrere

une chambre ein Zimmer — **des chambres** Zimmer
un lit ein Bett — **des lits** Betten

Unterwegs

Taxi!	Taxi!
Bonjour Madame.	*Guten Tag, meine Dame.*
À la gare, s'il vous plaît.	Zum Bahnhof, bitte.
Très bien.	*Sehr gut.*
Je voudrais un billet pour Bordeaux.	Ich möchte eine Fahrkarte nach Bordeaux.
Pour Dôle?	*Nach Dôle?*
Non, je vais à Bordeaux.	Nein, ich fahre nach Bordeaux.
Première ou seconde?	*Erste oder zweite Klasse?*
En seconde.	Zweite.
Aller et retour?	*Hin und zurück?*
Non, aller simple.	Nein, nur hin.
Le train pour Bordeaux, s'il vous plaît.	Der Zug nach Bordeaux, bitte.
Quai quatre.	*Gleis 4.*
À quelle heure il part?	Wann fährt er ab?
À trois heures dix.	*Um drei Uhr zehn.*
C'est libre?	Ist das frei?
Non, c'est réservé.	*Nein, das ist reserviert.*
C'est occupé?	Ist das besetzt?
Non, c'est libre.	*Nein, das ist frei.*

Achtung Endung!

un hôtel fermé une auberge ferm**ée** il est fermé elle est ferm**ée**

Das Eigenschaftswort hat in der weiblichen Form immer ein **-e** angehängt:

c'est fermé *das ist geschlossen* ist unveränderlich, egal, worauf es sich bezieht.

1. Was gehört zusammen?

1. À la gare
2. Un billet
3. Aller et
4. C'est
5. Je voudrais

a libre?
b retour.
c un billet.
d s'il vous plaît.
e pour Bordeaux.

2. Geben Sie die richtige Antwort

16

1. À quelle heure il part?
a En seconde.
b À trois heures.

2. C'est libre?
a Non, c'est occupé.
b Quarante francs.

3. En première ou en seconde?
a Aller et retour.
b En première.

4. Le train pour Paris, s'il vous plaît?
a Quai 4.
b Bonjour Monsieur.

5. Je voudrais un billet pour La Rochelle.
a Non, merci.
b En première ou en seconde?

3. Bilden Sie Sätze mit *je voudrais* und *un/une*

*«Je voudrais **une chambre**.»*

1. chambre
2. billet pour Bordeaux
3. café
4. billet en première
5. taxi pour la gare

4. Sagen Sie es auf Französisch

1. Zum Bahnhof, bitte.
2. Ich möchte eine Fahrkarte nach Lyon.
3. Ist es besetzt?
4. Um wie viel Uhr fährt der Zug?
5. Um drei Uhr.
6. Das ist frei.
7. Gleis 5.
8. Ich fahre nach Lyon.

Die großen Ferien

Die Sommerferien in Frankreich sind sehr lang: von Anfang Juli bis etwa zum 10. September. Die meisten Franzosen verbringen ihre Ferien im eigenen Lande, denn hier finden sie alles, was sie sich wünschen: Berge, Küsten von Norden bis Süden mit schönen Inseln, mildes Klima in der Bretagne, warmes Klima am Mittelmeer. Vor allem: Man spricht französisch, und man isst französisch. Die Wagemutigen finden Exotik in den französischen *DOM*, den *Départements d'Outre-Mer* (Übersee-Départements), wie la Martinique, la Guadeloupe in der Karibik oder la Réunion im Indischen Ozean.

Im August verbringen die Familien *les grandes vacances*, die großen Ferien, am liebsten zusammen am Meer. Die ruhige Natur ist selten das Ziel, Einsamkeit ist nicht sonderlich gefragt. Während des langen Sommers müssen die Kinder beschäftigt werden. Dafür stehen zahlreiche *colonies de vacances*, Feriencamps aller Art, zur Verfügung. Für sportbegeisterte Jugendliche bietet die *UCPA* (Sportverein für Jugendliche) Segeln am Atlantik, Klettern in den Bergen, Tennis, Reiten und vieles mehr. Wer kein Camp findet, kann immer noch bei den Großeltern einige Zeit verbringen.

Im August leert sich die Metropole: Fast alle Pariser fahren gleichzeitig in Urlaub, weil die großen Firmen Betriebsferien machen. Dafür kommen viele Besucher aus aller Welt. Manche mögen dieses Sommerloch, wenn viele Läden und Theater geschlossen und die Straßen leer sind.

Die Frauen fahren oft schon Anfang Juli mit den Kindern ans Meer und machen Urlaub von der Ehe. Der Mann besucht sie übers Wochenende und wartet auf seine Betriebsferien im August, bis er ganz nachkommt.

Abflug – Ankunft

l'avion **pour** Marseille	die Maschine **nach** Marseille
l'avion **de** Marseille	die Maschine **aus** Marseille

Gegenteil

ouvert geöffnet, offen *fermé* geschlossen
plein voll *vide* leer
libre frei *occupé* besetzt

la liste des hôtels *Hotelverzeichnis*

voilà *hier ist (sind)*

il y a *es gibt*

le camping *Campingplatz*

ici *hier*

plein *voll*

alors *dann*

l'auberge de jeunesse *Jugendherberge*

mais *aber*

elle est *sie ist*

fermé *geschlossen*

l'arrêt *Haltestelle*

le car *Bus*

sur *auf*

zut *Mist*

aujourd'hui *heute*

à six heures et demie *um halb sieben*

arriver *ankommen*

l'avion de Toulouse *die Maschine aus Toulouse*

je ne sais pas *ich weiß es nicht*

ouvert *geöffnet*

jusqu'à *bis*

Verneinen

je ne sais pas ich weiß nicht

Verneinung = **ne + Verb + pas**

In der Umgangssprache heißt es oft: *je sais pas,* das «ne» fällt also unter den Tisch.

Il y a – Es gibt

Der Ausdruck wird für eine oder mehrere Personen oder Sachen benutzt. In der Umgangssprache wird *il y a* oft auf *ya* [ja] verkürzt.

Bindewörter

mais aber *bon* gut *alors* dann, also *jusqu'à* bis

Im Urlaub

Vous avez une liste des hôtels, s'il vous plaît?	Haben Sie ein Hotelverzeichnis, bitte?
Oui, voilà.	*Ja, hier haben Sie es.*
Il y a des chambres libres?	Sind Zimmer frei?
Je ne sais pas.	*Ich weiß es nicht.*
Il y a un camping ici?	Gibt es einen Campingplatz hier?
Oui, mais il est plein.	*Ja, aber er ist voll.*
Alors, il y a une auberge de jeunesse?	Gibt es eine Jugendherberge?
Oui, mais elle est fermée.	*Ja, aber sie ist geschlossen.*
Où est l'arrêt du car?	Wo ist die Bushaltestelle?
Sur la place du café.	*Auf der Place du Café.*
À quelle heure part le car pour Avignon?	Um wie viel Uhr geht der Bus nach Avignon?
Aujourd'hui? A six heures et demie.	*Heute? Um halb sieben.*
Zut, il est sept heures!	Mist, es ist schon sieben!
À quelle heure arrive l'avion de Toulouse?	Um wie viel Uhr kommt die Maschine aus Toulouse?
Je ne sais pas.	*Ich weiß nicht.*
Il y a un restaurant ici?	Gibt es ein Restaurant hier?
Oui.	*Ja.*
Bon, il est ouvert?	Gut, ist es geöffnet?
Oui, jusqu'à deux heures.	*Ja, bis zwei Uhr.*

Kontraktion

de + le -> du   le café -> la place du café

Immer wenn die beiden Wörter aufeinander treffen, gehen sie diese Verbindung ein. Egal, nach wem der Platz im Dorf benannt ist, Hauptsache, man kann sich dort im Café treffen.
Also heißt es: *la place du café*

1. Geben Sie die Uhrzeit auf Französisch an

1. zwei Uhr ....**2.** zwölf Uhr (mittags) ....**3.** zehn nach vier ....
4. halb drei ....**5.** Viertel vor zehn ....**6.** zwölf Uhr (nachts) ......

2. Welches Wort passt nicht?

1. train – camping – avion – car
2. hotel – train – chambre – douche
3. gare – billet – salle de bains – train
4. restaurant – petit déjeuner – café – arrêt

3. Ergänzen Sie

1. Il y a .... chambres libres.
2. Il y a .... auberge de jeunesse.
3. Il y a .... hôtel.
4. Il y a .... café.
5. Il y a .... hôtels.
6. Il y a .... camping.
7. Il y a .... avion pour Montpellier.

4. Wie heißt das auf Französisch?

1. Ich weiß nicht. **2.** Gibt es einen Campingplatz? **3.** Das ist voll.
4. Es gibt eine Jugendherberge. **5.** Um wie viel Uhr geht die Maschine nach Bordeaux? **6.** Um wie viel Uhr kommt der Bus an? **7.** Es ist geöffnet.
8. Es ist geschlossen.

5. Fragen Sie nach den Zeiten

1. À quelle heure part ...
a der Zug nach Lyon?
b der Bus nach Dijon?
c die Maschine nach Paris?
d die Métro nach Roissy-Charles de Gaulle?

2. À quelle heure arrive ...
a der TGV aus Rennes?
b der Zug aus Bordeaux?
c das Flugzeug aus Montpellier?
d der Bus aus Avignon?

6. Non, je ne sais pas

Einfach *non* und die Verneinung einsetzen.

19

1. je sais **2.** je mange **3.** je suis Français
4. il arrive **5.** il part **6.** je regarde **7.** je travaille

Verben

Sie haben, ihr habt
vous avez

ich habe
j'ai

wie viel kostet
combien coûte

ich möchte
je voudrais

sie ist
elle est

ich weiß es nicht
je ne sais pas

ankommen
arriver

er fährt weg
il part

Kleine Wörter

bis
jusqu'à

für, nach
pour

sehr schön
très bien

wie viel
combien de

zu teuer
trop cher

einverstanden
d'accord

hier ist/sind
voilà

hier
ici

dann
alors

aber
mais

heute
aujourd'hui

es gibt
il y a

Eigenschaften

geöffnet
ouvert

geschlossen
fermé

voll
plein

erste
première

frei
libre

zweite
seconde

frei
libre

reserviert
réservé

besetzt
occupé

Transport

zum Bahnhof
à la gare

Fahrkarte
un billet

nach
pour

hin und zurück (Rückfahrkarte)
aller et retour

einfache Fahrkarte
aller simple

Zug
le train

Gleis
le quai

Haltestelle
l'arrêt

Bus
le car

die Maschine aus Toulouse
l'avion de Toulouse

Unterkunft

Zimmer
la chambre

Person
la personne

großes Bett
le grand lit

Nacht
la nuit

Dusche
la douche

Badezimmer
la salle de bains

Frühstück
le petit déjeuner

Gepäck
les bagages

Fahrstuhl
l'ascenseur

Schlüssel
la clé

Hotelverzeichnis
liste des hôtels

Campingplatz
le camping

Jugendherberge
l'auberge de jeunesse

Logement – Unterkunft

Logis de France, Hôtel Relais du Silence: Hotel in ruhiger Umgebung
Relais et châteaux: Schloss mit Übernachtung
Gîtes de France: Ferienhaus oder Wohnung (mit direkter Vermietung)
Chambres d'hôtes: Gästezimmer
Camping à la ferme: Camping auf dem Bauernhof
Gîtes d'étapes: Unterkunft für Wanderer, Radfahrer
Maison à louer: Haus zu vermieten – fast überall am Meer, aber auch in den Bergen

Les vacances – Ferienzeit

Für die so genannten *petites vacances*, zweiwöchige Ferien im Herbst und Winter, um Weihnachten, im Februar, an Ostern, ist Frankreich in drei Zonen aufgeteilt. Man sollte sich erkundigen, auf welche Daten die Ferientermine fallen. Das ändert sich jedes Jahr. Zu den Urlaubszeiten steigen und fallen die Hotelpreise. Im Sommer ist die Orientierung viel einfacher: Die Schulen schließen alle gleichzeitig.

Les routes – die Straßen

l'autoroute
Autobahn – kostet einiges an *péage*

la voie rapide
vierspurige Schnellstraße

la route nationale
Nationalstraße (entspricht der ‹Bundesstraße›)

la route départementale
kleinere Straße zwischen den Dörfern

la rue
die Straße in geschlossenen Ortschaften

Allô Stop – Mitfahrzentralen

Mitfahrzentralen sind in Frankreich nicht sehr verbreitet. Allô Stop gibt es nur in einigen Großstädten. Mit Minitel (BT) kann man sich über Mitfahrgelegenheiten informieren (code Provoya).

1. Haben Sie aufgepasst? Was ist richtig?

1. *Un gîte rural* ist der Name für
a eine Jugendherberge.
b eine Unterkunft auf dem Lande.
c ein Vier-Sterne-Hotel.

2. *Le TGV* ist
a eine Inland-Fluglinie.
b schneller, als die Polizei erlaubt.
c der Hochgeschwindigkeitszug.

3. *Le péage* ist
a eine Gebühr für die Autobahn.
b im Restaurant zu bezahlen.
c ein Strafgeld bei Geschwindigkeitsüberschreitung.

4. *Logis de France* ist
a eine Unterkunft für Franzosen.
b ein angenehmes mittelklassiges Hotel.
c ein berühmtes Denkmal.

5. *Je voudrais* bedeutet:
a Ich weiß.
b Ich hätte gern.
c Ich bin wütend.

6. *Maison à louer* heißt:
a Wohnung zu verkaufen.
b Haus zu vermieten.
c Bushaltestelle.

7. Die Franzosen fahren im Urlaub
a meistens ins Ausland.
b meistens nach Deutschland.
c meistens ans Meer.

8. *Les chambres d'hôtes* findet man
a in Paris.
b auf dem Lande.
c in der Regel sehr teuer.

2. Sagen Sie's auf Deutsch

1. Je voudrais un billet pour Lyon.
2. Vous avez une chambre libre?
3. Il y a un camping ici?
4. Combien ça coûte?
5. Pour combien de personnes?
6. À quelle heure part le train?
7. Voilà la clé.
8. Je ne sais pas.
9. C'est réservé.

3. Wie lautet die richtige Antwort?

1. Vous avez une chambre?
   - a Pour combien de nuits?
   - b Aller et retour?
2. Pour deux personnes?
   - a Non, pour trois jours.
   - b Non, pour une personne.
3. C'est occupé?
   - a Voilà la clé.
   - b Non, c'est libre.
4. Combien ça coûte?
   - a À quatre heures.
   - b Trente francs.
5. À quelle heure part le train?
   - a Avec petit déjeuner?
   - b À six heures vingt.
6. Il y a un restaurant ici?
   - a Je ne sais pas.
   - b Pour deux nuits?

4. Was passt zusammen?

1. Une chambre
2. À quelle heure
3. Il y a
4. Combien coûte
5. Je voudrais

- a part le train pour Paris?
- b une chambre avec douche?
- c pour trois nuits, s'il vous plait.
- d un restaurant sur la place.
- e un billet pour Lyon.

5. Was sagen Sie in dieser Situation?

1. Im Hotel: Sie möchten ein Zimmer mit Dusche und Toilette.
2. Am Schalter: Sie möchten zwei Fahrkarten nach Brest.
3. Auf der Straße: Sie suchen einen Campingplatz.
4. Im Zug: Sie suchen einen freien Platz.
5. Im Hotel: Sie möchten wissen, wie teuer ein Zimmer mit Frühstück ist.
6. Auf der Straße: Sie möchten wissen, wann der Bus aus Avignon ankommt.

Mit «Frankreich» verbinden die meisten Besucher die Vorstellung von gutem Essen, und in der Tat spielt es eine zentrale Rolle im Alltag der Franzosen. Jeder Anlass zu einem Menü mit mehreren Gängen und gutem Wein ist willkommen: Treffen mit Freunden, Familienfeste, Geschäfte. Man sitzt locker beisammen, plaudert und lernt sich besser kennen. Beim Essen wird natürlich viel über das Essen geredet. Kochrezepte werden ausgetauscht, die besten Zubereitungsarten von diesem Fleisch oder jenem Gemüse ausführlich erörtert. Am Tisch schwärmt man über längst gegessene Gerichte. Bei allem nationalen Stolz auf die eigene Küche gibt es in Paris und in der Provinz eine große Offenheit für viele ausländische Restaurants. Kein Wunder, denn Frankreich ist Einwanderungsland für viele Völker. Neben den italienischen Pizzerien findet man vor allem Lokale von nordafrikanischen Emigranten, die Couscous und Tagine anbieten, von Vietnamesen und Chinesen und von Griechen. Darüber hinaus gibt es jede Menge anderer Restaurants, die es den neugierigen Gaumen erlauben, sich mal einfach um die Welt zu schmecken.

Ob im Lokal oder zu Hause: Wein und Käse dürfen beim Essen nicht fehlen. Meist wird Wein nur zum Essen getrunken: Wenn der Tisch abgedeckt wird, verschwindet auch die Flasche. Die Kenner wählen sorgfältig den Wein aus, der das Menü begleiten soll, damit beide – Wein und Essen – sich gegenseitig angemessen zur Geltung bringen. Bei vielen Kochrezepten wird angegeben, welcher Wein dazu am besten passt. Im Restaurant öffnet der Kellner die Flasche am Tisch, stellt sie ab und gießt ein Schlückchen ein. Einer der Gäste probiert, protestiert oder akzeptiert. Dann erst wird ausgeschenkt.

«Ein Essen ohne Käse ist wie ein Kuss ohne Schnurrbart», sagt ein französisches Sprichwort. Im Restaurant wird oft ein *plateau de fromages,* eine Käseplatte, präsentiert, von der man sich verschiedene

Bon appétit!

Guten Appetit!

Stückchen aussucht. Frankreich produziert über 350 Sorten Käse aus Kuh-, Ziegen- und Schafsmilch. Viele darunter sind eher regional bekannt und werden kaum exportiert. Beim Schneiden eines Käses achte man darauf, dass für den Letzten nicht nur Kruste oder Rand übrig bleiben. Weichkäse wie Camembert werden wie eine Torte portioniert. Achtlos angeschnittene Käse sehen für Franzosen übrigens sehr unappetitlich aus.

Franzosen essen meist mittags und abends warm, mittags oft außer Haus. Beim Abendessen, der wichtigsten Mahlzeit, trifft sich die ganze Familie. Das Frühstück dagegen wirkt für Deutsche sehr dürftig: Tee oder Kaffee mit Milch, Brot mit Butter oder Marmelade, aber auch das nicht immer. Eine weitere Unsitte in deutschen Augen: Zwei Drittel der Franzosen tunken ihr Butterbrot. Es scheint sie nicht zu stören, wenn Krümmel und Butteraugen im Morgenkaffee schwimmen. Nur größere Hotels bieten ein reichhaltiges Frühstück an, meist als Selbstbedienungsbuffet.

Übrigens: *Café au lait* wird nur vormittags getrunken. Man kann ihn natürlich auch nachmittags oder abends bestellen, aber das erstaunt die Franzosen immer, obwohl sie sich eigentlich durch den Tourismus daran gewöhnt haben sollten.

Unüblich in Frankreich ist die deutsche Sitte des «Kaffee und Kuchen» am Nachmittag. Wer im Urlaub nicht darauf verzichten will, geht in einen *salon de thé* oder holt sich in einer Konditorei einen Kuchen, bevor er sich in ein Café begibt. Dort gibt es nämlich selten Backwerk.

Wie möchten Sie Ihren Kaffee?

un express	Espresso
un grand café noir	großer schwarzer Kaffee
un petit café crème	kleiner Kaffee mit Milch
un grand café crème	großer Kaffee mit Milch
un déca	koffeinfrei

le petit déjeuner *Frühstück*
le café *Kaffee*
ou *oder*
le thé *Tee*
le lait *Milch*
sans *ohne*
le fromage *Käse*
la confiture *Marmelade*
j'arrive *ich komme*
grand *groß*
café crème *Milchkaffee*
le croissant *Croissant*
le pain *Brot*
et *und*
le beurre *Butter*
le sucre *Zucker*
tout de suite *sofort*
le cendrier *Aschenbecher*
non fumeur *Nichtraucher*
combien ça fait? *wie viel macht es?*

Zahlen

Ab 70 geht es richtig los mit den Zahlen: Die abendländische Logik kann man getrost vergessen. Also aufpassen!

70	soixante-dix (60 + 10)
71	soixante et onze (60 + 11)
72	soixante-douze (60 + 12)
73	soixante-treize (60 + 13)
74	soixante-quatorze (60 + 14)
80	quatre-vingts (4 x 20)
81	quatre-vingt-un (4 x 20 + 1)
82	quatre-vingt-deux (4 x 20 + 2)
83	quatre-vingt-trois (4 x 20 + 3)
90	quatre-vingt-dix (4 x 20 + 10)
91	quatre-vingt-onze (4 x 20 + 11)
99	quatre-vingt-dix-neuf (4 x 20 +19)
100	cent
200	deux cents
300	trois cents
350	trois cent cinquante
1000	mille

Belgien und die Schweiz sind (bezüglich der Bildung von Zahlen) logischer:

70	septante
80	huitante (nur in der Schweiz)
90	nonante

Beim Frühstück

Bonjour Monsieur.	Guten Tag, mein Herr.
Bonjour Madame.	*Guten Tag, meine Dame.*
C'est pour le petit déjeuner?	Ist es zum Frühstück?
Oui, s'il vous plaît.	*Ja, bitte.*
Du café ou du thé?	Kaffee oder Tee?
Du café.	*Kaffee.*
Avec du lait?	Mit Milch?
Sans lait.	*Ohne Milch.*
Très bien.	Sehr gut.
Vous avez du fromage?	*Haben Sie Käse?*
Non, j'ai de la confiture.	Nein, ich habe Marmelade.
Alors de la confiture.	*Dann Marmelade.*
S'il vous plaît!	Bitte!
J'arrive.	*Ich komme.*
Un grand café crème.	Einen großen Milchkaffee.
Et des croissants?	*Und Croissants?*
Non, du pain et du beurre.	Nein, Brot und Butter.
Vous avez du sucre?	Haben Sie Zucker?
Tout de suite.	*Sofort.*
Et un cendrier?	Und einen Aschenbecher?
C'est non fumeur ici.	*Hier ist für Nichtraucher.*
Combien ça fait?	Wie viel macht es?
Trente-cinq francs.	*Fünfunddreißig Francs.*

Teilmengen: auf Deutsch ohne Artikel

Vous avez **de la** confiture?	Haben Sie Marmelade?
Vous avez **du** beurre?	Haben Sie Butter?
Vous avez **des** croissants?	Haben Sie Croissants?

Beachten:	de + le	**du**
	de + la	**de la**
	de + les	**des**

Pluralform mit «s» am Ende

le fromage **les** fromages **la** confiture **les** confitures

Das «s» wird nicht gesprochen.

Tipp

Kommt der Kellner oder die Kellnerin nicht, rufen Sie *s'il vous plaît* mit erhobenem Arm und möglichst laut. Sie können auch Monsieur, Madame oder Mademoiselle sagen.

1. Wie lautet die richtige Antwort?

1. Du thé ou du café?
a Avec du lait, s'il vous plaît.
b Du thé, s'il vous plaît.

2. Vous avez de la confiture?
a Ça fait douze francs.
b Non, je regrette.

3. Un thé avec du lait?
a Non, sans lait.
b Je suis non fumeur.

4. Combien ça fait?
a Cent quatre-vingt-quatre.
b Cinq heures.

2. Fragen Sie nach dem Preis

Sie sind heute etwas knausrig und sitzen mit Freunden in einem Bistro. Sie möchten nicht für alle bezahlen. Der Kellner sagt aber die Gesamtsumme. Fragen Sie nach dem Preis Ihrer Bestellung.

*«**Le café**, combien ça fait?»*
1. le café **2.** le grand café crème **3.** le thé **4.** le lait **5.** les croissants **6.** le pain **7.** le café au lait

3. Bestellen Sie zum Frühstück

*«**Un thé**, s'il vous plaît!»*

22

1. ein Tee
2. Brot mit Butter
3. zwei Croissants
4. ein schwarzer Kaffee
5. ein großer Milchkaffee

4. Rollentausch: Sie bedienen und sagen, was es kostet

Brechen Sie sich aber die Zunge nicht dabei ab.

1. Ça fait 89 francs.
2. Ça fait 117 francs.
3. Ça fait 78 francs.
4. Ça fait 92 francs.
5. Ça fait 261 francs.
6. Ça fait 145 francs.

5. Welches Wort passt nicht?

1. café – thé – lait – croissant – café crème
2. beurre – cendrier – confiture – pain – fromage
3. arriver – manger – travailler – cendrier – habiter

Aperitifs und Digestifs

Man trifft sich gern vor dem Essen zum Aperitif, in der Kneipe oder auch zu Hause kommen Freunde zum *apéro* vorbei. Zu den Aperitifs gehören unter anderem Whisky, aber auch Süßweine wie Muscat oder Champagner. Besonders verbreitet sind die verschiedenen Marken von Anisschnaps *(Pastis, Ricard ...)* und eine Spezialität aus Burgund: *Kir*, Weißwein mit *crème de cassis* (schwarzer Johannisbeerlikör), oder *Kir royal* mit Champagner anstelle von Wein. Pastis wird auch als *tomate*, mit Granatapfelsirup, oder als *perroquet*, mit Pfefferminzsirup, im Süden getrunken. Aperitifs regen den Appetit an, Digestifs erleichtern die Verdauung und werden nach dem Essen genommen oder bei großen Essen mittendrin – das heißt dann *le trou normand*, normannisches Loch. Zu den Digestifs gehören *cognac*, *eau de vie* (wörtlich: Lebenswasser, das heißt Schnaps), *marc*, Trester, und Liköre.

Die Preise für die Getränke schwanken örtlich sehr stark. Bestellen Sie beispielweise eine Cola in einem Terrassencafé auf den Champs-Élysées, dann bezahlen Sie auch den Ruf des Ortes und den Genuss, die vorbeiflanierenden Leute zu beobachten. In jeder Kneipe hängt ein *Tarif des consommations*, eine Preisliste. Getränke, die an der Theke bestellt und eingenommen werden, kosten weniger. Die Preise sind normalerweise inklusive Bedienung, *service compris*.

Beim Bezahlen machen es sich die Franzosen einfach: Oft bezahlt einer für alle – es sei denn, zehn Leute sitzen um den Tisch. Unter Freunden, Bekannten oder Kollegen ist auch das problemlos: Das nächste Mal ist der Nächste an der Reihe. Als Faustregel gilt: Wer mehr verdient, lädt auch öfter ein.

espace non fumeur

Im Rahmen der Antitabak-Kampagne sind Kneipen und Restaurants verpflichtet, Zonen für Nichtraucher einzurichten. Man hält sich aber nicht sonderlich streng daran, da die Polizei nicht bereit ist, bei so einer Lappalie einzugreifen, und der Kneipier seine qualmende Kundschaft nicht verlieren will.

un instant *ein Moment*

un pastis *ein Pastis*

vous désirez? *Sie wünschen?*

Messieurs-Dames
meine Damen und Herren

la bière *Bier*

la bouteille *Flasche*

la pression
gezapftes Bier

un demi *ein Halbes*

les frites *Pommes frites*

le jus d'orange
Orangensaft

les glaçons
Eiswürfel

quelque chose *etwas*

à manger *zu essen*

la salade *Salat*

je regrette *tut mir Leid*

le sandwich *Sandwich*

le pâté *Pastete*

le jambon *Schinken*

boire *trinken*

le verre *Glas*

l'eau minérale gazeuse
Mineralwasser mit Kohlensäure

Aussprache

geschrieben	*gesprochen*
Messieurs	messiö
bouteille	buteij
glaçon	glasson
quelque chose	kelkeschos
eau	oh

Was für ein Bier möchten Sie?

une pression	gezapftes Bier
un demi	halbes Bier
une bouteille	Flasche
une blonde	helles Bier
une brune	dunkles Bier
un panaché	Radler (Bier mit Brause)

Die wichtigen Fragen

où est ...?	wo ist ...?
comment tu t'appelles?	wie heißt du?
combien ça coûte?	wie viel kostet es?
combien de personnes?	wie viele Personen?
quelle heure est-il?	wie spät ist es?
à quelle heure?	um wie viel Uhr?
il y a ...?	gibt es ...?

Im Bistro

S'il vous plaît, Mademoiselle!	Fräulein, bitte!
Un instant.	*Einen Moment.*
Un pastis, s'il vous plaît!	Einen Pastis, bitte!
J'arrive.	*Ich komme.*
Mademoiselle, un pastis.	Fräulein, bitte einen Pastis.
Tout de suite.	*Sofort.*
Mademoiselle!	Fräulein!
Voilà, vous désirez?	*Da bin ich, Sie wünschen?*
Je voudrais un pastis.	Ich möchte einen Pastis.
Bonjour Messieurs-Dames.	Guten Tag, meine Damen und Herren.
Bonjour.	*Guten Tag.*
Vous désirez?	Sie wünschen?
Une bière.	*Ein Bier.*
Une bouteille?	Eine Flasche?
Non, une pression.	*Ein gezapftes Bier.*
Bon, un demi pour Monsieur.	Gut, ein Halbes für den Herrn.
Et des frites.	*Und Pommes frites.*
Bien, et pour Madame?	Gut, und für die Dame?
Un jus d'orange.	*Einen Orangensaft.*
Avec des glaçons?	Mit Eiswürfeln?
Sans glaçons.	*Ohne Eiswürfel.*
Vous désirez ?	Sie wünschen?
Vous avez quelque chose à manger?	*Haben Sie was zu essen?*
Oui, des sandwichs.	Ja, Sandwichs.
Et des salades?	*Und Salate?*
Non, je regrette.	Nein, tut mir Leid.
Alors un sandwich.	*Dann ein Sandwich.*
Pâté ou jambon?	Mit Pastete oder Schinken?
Avec du jambon.	*Mit Schinken, bitte.*
Quelque chose à boire?	Etwas zu trinken?
Un verre d'eau minérale.	*Ein Glas Mineralwasser.*

Etwas Geduld

j'arrive	ich komme
un moment	einen Moment
un instant	einen Moment
tout de suite	sofort

1. Antworten Sie auf Französisch

*«**Sans sucre, s'il vous plaît.**»*

1. Avec ou sans sucre?
2. Avec ou sans glaçons?
3. Avec ou sans beurre?
4. Avec ou sans eau?
5. Avec ou sans crème?

2. Fragen Sie auf Französisch

*«Vous avez **du pastis**?»*

25

1. du pastis
2. de la bière
3. du jus d'orange
4. des frites
5. des sandwichs
6. de l'eau minérale
7. des salades

3. Rechnen Sie die Gesamtsumme aus

1. quinze et trente-cinq, ça fait ...
2. vingt-deux et seize, ça fait ...
3. dix-huit et quarante et un, ça fait ...
4. vingt-cinq et quatorze et dix-neuf, ça fait ...
5. trente-sept et quarante-six et douze, ça fait ...

4. Was steckt dahinter? Finden Sie die Lösung auf Französisch

1. Es ist heiß und wird viel in England getrunken.
2. Es ist schwarz und schmeckt bitter ohne Zucker oder Milch.
3. Es ist kalt und schmilzt in einem Glas Pastis.
4. Es pritzelt, ist aber kein Champagner.
5. Es wird viel in Deutschland getrunken, am liebsten mit Schaum.

5. Wie sagen Sie auf Französisch?

1. ich komme
2. einen Moment
3. sofort
4. ich bedaure
5. Wie viel macht es?
6. Sie wünschen?

Le menu ou à la carte

Mittags wird meistens einfach und schnell gegessen. Fastfood-Ketten wie «McDo», «Dallas-Burger» oder «Love-Burger» haben sich in den letzten Jahren sehr schnell verbreitet. «Croissanteries» verkaufen gefüllte Baguettes oder Quiches auf der Straße. In allen touristischen Zentren servieren Restaurants ein *menu touristique* zu niedrigen Preisen oder ein täglich wechselndes *plat du jour*, ein Tagesgericht. Für ein gutes Essen legen die Franzosen gern ein paar Kilometer mehr zurück. Im *Guide Michelin* steht für die besten Restaurants Frankreichs: *vaut le détour* – Umweg lohnt sich. Normalerweise bieten die Restaurants ein oder mehrere Menüs zu festen Preisen an. Man kann pro Gang aus verschiedenen Gerichten auswählen. Wer nicht so viel essen will, kann sich *à la carte*, aus der Karte, etwas aussuchen, doch das ist verhältnismäßig teuer. Man kann manchmal offenen Wein bestellen, aber kein einzelnes Gläschen. Eine Karaffe Leitungswasser wird immer auf den Tisch gestellt.

Genauso wie in der Kneipe ist es unüblich, getrennte Rechnungen zu verlangen. Ist man nicht eingeladen, dann wird einfach die Gesamtsumme durch die Zahl der Personen dividiert. Wer viel mehr oder teuer gegessen hat, kann auch etwas mehr auf den Tisch legen. Auf der Rechnung steht, ob die Preise inklusive, *service compris*, oder nicht sind. Falls nicht, rechnet man zehn bis fünfzehn Prozent der Summe als Trinkgeld hinzu. Aber auch sonst kann man noch etwas dazulegen.

Wie fast überall in Frankreich kann man auch im Restaurant mit Kreditkarte bezahlen. Euroschecks werden nicht gern gesehen, denn die französischen Banken verlangen dafür eine gepfefferte Provision.

Die Qualität des Weines

Ein Gesetz reglementiert die Benennung der Weine. Was auf dem Etikett steht, gibt Aufschluss über die Qualität: *A.O.C. (vin d'appelation d'origine contrôlé)* sind die guten Weine. Sie müssen bestimmte Kriterien erfüllen: Gegend, Rebstock, Anbau- und Kelterei-Verfahren, Alkoholgehalt. Auf einer guten Flasche Wein stehen die Region, das Jahr, der Name des Winzers oder des Abfüllers. *Vin de pays* sind einfache Landweine ohne Qualitätsgarantie.

V.D.Q.S. (vin délimité de qualité supérieure) sind ausgesuchte Landweine, preiswert, aber von guter Qualität. Steht auf dem Etikett nichts, dann ist es *un vin de coupage*, Wein aus verschiedenen Gegenden, ein ganz gewöhnlicher Wein. Die *grands crus* sind die Spitzenweine einer guten Weingegend.

la table *Tisch*

la carte *Speisekarte*

la carte des vins *Weinkarte*

le menu *Menü*

la même chose *dasselbe*

la viande *Fleisch*

les légumes *Gemüse*

et comme boisson *und als Getränk*

le vin rouge *Rotwein*

la carafe *Karaffe*

le sel *Salz*

le poivre *Pfeffer*

un peu *ein bisschen*

le dessert *Nachtisch*

la crème caramel *Karamellpudding*

la tarte aux fruits *Obsttorte*

l'addition *Rechnung*

vous prenez *Sie nehmen*

l'eurochèque *Euroscheck*

Was trinkt man in Frankreich zum Essen?

le vin rouge	**Rotwein**
le vin blanc	**Weißwein**
le rosé	**Rosé**
une carafe de vin	**offener Wein**
une carafe d'eau	**Karaffe mit Wasser**
l'eau minérale non gazeuse	**stilles Wasser**
l'eau minérale gazeuse	**Mineralwasser mit Kohlensäure**

voilà

Das Wort kommt von *voir*, sehen, und *là*, da. Ursprünglich bedeutet es also «sehen Sie da!». Es wird aber jetzt in vielen Fällen benutzt und kann viele verschiedene Bedeutungen haben:
da ist es, da bin ich, es kommt, das war's:

voilà l'addition	da haben Sie die Rechnung
voilà, j'arrive	ich komme gleich
voilà, je suis là	da bin ich

Im Restaurant

Vous avez une table libre?	Haben Sie einen freien Tisch?
Oui, combien de personnes?	*Ja, wie viele Personen?*
Pour deux.	Für zwei.
Oui, voilà.	*Ja, da.*
Vous avez la carte?	Haben Sie die Speisekarte?
Voilà, et la carte des vins.	*Hier und die Weinkarte.*
Je voudrais le menu à 95 francs.	Ich möchte das Menü zu 95 Francs.
Et Monsieur?	*Und der Herr?*
La même chose.	Dasselbe.
La viande avec des frites?	*Das Fleisch mit Pommes frites?*
Non, avec des légumes.	Nein, mit Gemüse.
Et comme boisson?	*Und zum Trinken?*
Une bouteille de vin rouge.	Eine Flasche Rotwein.
Et une carafe d'eau?	*Und eine Karaffe Wasser?*
De l'eau minérale.	Mineralwasser.
Gazeuse?	*Mit Kohlensäure?*
Oui, un Perrier.	Ja, ein Perrier.
Vous avez du sel et du poivre?	Haben Sie Salz und Pfeffer?
Oui, tout de suite.	*Ja, sofort.*
Un peu de fromage?	Ein bisschen Käse?
Oui.	*Ja.*
Et comme dessert?	Und als Nachtisch?
Une crème caramel et une tarte aux fruits.	*Einen Karamellpudding und eine Obsttorte.*
S'il vous plaît, l'addition!	Bitte, die Rechnung!
J'arrive.	*Ich komme.*
Combien ça fait?	Wie viel macht es?
Ça fait 250 francs.	*Es macht 250 Francs.*
Vous prenez les eurochèques?	Nehmen Sie Euroschecks?
Non, les cartes de crédit.	*Nein, Kreditkarten.*

1. Wie lautet die richtige Antwort?

1. Vous avez une table libre?
   a J'ai une table pour deux personnes.
   b Voilà la carte des vins.
2. Quelque chose à boire?
   a Une bouteille de vin rouge.
   b Des frites.
3. Vous désirez manger?
   a Oui, un café.
   b Oui, le menu à cent francs.

2. Was gehört zusammen?

1. un vin
2. une eau minérale
3. une tarte
4. la carte
5. une carafe

a de crédit
b d'eau
c rouge
d gazeuse
e aux fruits

3. Bitten Sie um

*«Je voudrais **la carte.**»*

1. la carte
2. le menu à 80 francs
3. une bouteille de vin
4. un dessert
5. un peu de fromage
6. une carafe d'eau
7. l'addition

4. Jetzt bedienen Sie und bringen die Bestellung

*«Voilà **la carte des vins.**»*

1. la carte des vins
2. les boissons
3. les légumes
4. l'eau de vie
5. l'addition
6. la tarte aux fruits

Verben

nehmen Sie ...? *vous prenez ...?*

ich bedaure *je regrette*

ich komme *j'arrive*

wie viel macht das? *combien ça fait?*

Sie wünschen? *vous désirez?*

essen *manger*

trinken *boire*

Essen

Fleisch *la viande*

Gemüse *les légumes*

Karamell-pudding *la crème caramel*

Käse *le fromage*

Nachtisch *le dessert*

Obsttorte *la tarte aux fruits*

Pommes frites *les frites*

Salat *la salade*

Sandwich mit Pastete *le sandwich-pâté*

Schinken *le jambon*

Im Restaurant

Aschenbecher *le cendrier*

Euroscheck *l'eurochèque*

meine Damen und Herren *Messieurs-Dames*

Menü *le menu*

Nichtraucher *non fumeur*

Person *la personne*

Rechnung *l'addition*

sofort *tout de suite*

Speisekarte *la carte*

Tisch *la table*

Weinkarte *la carte des vins*

Frühstück

Brot *le pain*

Butter *le beurre*

Croissant *le croissant*

Frühstück *le petit déjeuner*

Kaffee *le café*

Marmelade *la confiture*

Milch *le lait*

Milchkaffee *le café crème*

Tee le thé

Zucker *le sucre*

Trinken

Bier *une bière*

ein Halbes *un demi*

Eiswürfel *les glaçons*

Flasche *la bouteille*

Getränk *la boisson*

gezapftes Bier *une pression*

Glas *un verre*

Karaffe *la carafe*

Mineralwasser *l'eau minérale*

mit Kohlen-säure *gazeuse*

Orangensaft *un jus d'orange*

Pastis *un pastis*

Rotwein *le vin rouge*

Kleine Wörter

als *comme*

dasselbe *la même chose*

ein Moment *un instant*

ein bisschen *un peu*

etwas *quelque chose*

groß *grand*

oder *ou*

und *et*

Wo kann man was essen und trinken?	
le café	Kneipe. Morgens bekommt man auch Croissants oder Butterbrot und Sandwiches, aber keinen Kuchen.
le bar	nur ein anderes Wort für Kneipe
le bar-tabac	Kneipe mit Tabakverkauf.
le bistro	Bistro. Bietet auch Kleinigkeiten zum Essen an.
le salon de thé	Café-Konditorei. Ist in der Regel chic.
le restaurant	Restaurant
la brasserie	Großes und preisgünstiges Restaurant in den Großstädten, wo man auch *choucroute*, Sauerkraut, und Bier bekommt.
l'auberge	Gasthaus auf dem Land
le glacier	Eiscafé
la cafétéria	Findet man in Flughäfen, Ferienzentren, Mensen. Dort werden Kaffee und Sandwiches angeboten, aber mit Selbstbedienung.
la crêperie	Crêperien kommen aus der Bretagne, aber man findet sie inzwischen überall. Ihre Spezialität: süße und salzige *crêpes,* feine Pfannkuchen.
la saladerie	Sie bieten alle möglichen Salate und manchmal *un plat du jour*, ein Tagesmenü, an.
la croissanterie	Straßenverkauf von Croissants, Quiches und Sandwiches, wie manche Bäckereien in Deutschland
la buvette	Trinkbude am Strand und bei öffentlichen Festen
McDo & Co	Hat sich in Frankreich wie Unkraut verbreitet. Trägt nur eingeschränkt zur Esskultur bei.

1. Sie füllen einen Scheck in französischen Francs aus

Schreiben Sie den Betrag in Buchstaben.

1. 347 francs ....
2. 799 francs ....
3. 215 francs ....
4. 186 francs ....
5. 873 francs ....
6. 1400 francs ....

2. Was steckt dahinter? Sagen Sie es auf Französisch

1. Es gibt über 350 verschiedene Sorten davon in Frankreich.

2. Man sagt es nicht nur, wenn man um etwas bittet, sondern auch, um den Kellner auf sich aufmerksam zu machen.

3. Er ist rot, weiß oder rosé.

4. Wird vor allem in Südfrankreich mit Eiswürfeln als Aperitif getrunken, manchmal auch mit Sirup.

5. Bringt manchmal eine böse Überraschung nach einem guten Essen im Restaurant.

3. Zwei sind falsch. Bleibt ein richtiges: a, b oder c?

1. Une table ...... deux personnes.
a tout
b pour
c de la

2. C'est pour le ...... déjeuner?
a ou
b sans
c petit

3. Je voudrais un sandwich ... du jambon.
a avec
b pour
c à

4. Et quelque chose ...... boire?
a sans
b du
c à

5. Vous avez ...... salades?
a pour
b comme
c des

6. ...... ça coûte?
a où
b comment
c combien

4. Haben Sie aufgepasst?

1. *Apéritif* wird getrunken
   - a nur im Familienkreis.
   - b vor dem Essen.
   - c vor dem Schlafen.
2. Franzosen reden gern über
   - a Essen.
   - b Frühstück.
   - c Kuchen und Kaffee.
3. *Croissanterie*
   - a verkauft Croissants und belegte Baguettes.
   - b ist eine feine Konditorei.
   - c ist ein gefülltes Croissant.
4. *Plateau de fromages* ist
   - a eine Hochebene, wo Käse hergestellt wird.
   - b ein Essen aus verschiedenen Käsen.
   - c eine Auswahl aus Käsen im Restaurant.
5. *Kir* ist der Name
   - a eines Gastronomieführers.
   - b eines Aperitifs.
   - c eines Verrückten.
6. Wein wird in Frankreich getrunken
   - a am Nachmittag zum Kuchen.
   - b meistens beim Essen.
   - c anstatt des Frühstücks.
7. *Une pression* heißt
   - a gezapftes Bier.
   - b Espresso auf Französisch.
   - c Erpressung vom Kellner, um Trinkgeld zu bekommen.
8. *AOC*
   - a ist eine Abkürzung für «Achtung, Opa-Café!».
   - b steht auf dem Etikett guter Weine.
   - c bedeutet «alles inklusive».
9. Gastronomieführer garantieren
   - a Qualität des Restaurants.
   - b billige Preise.
   - c Hygiene der Küche.

5. Wie sagen Sie es auf Französisch?

1. ein Glas Wasser
2. ein halbes Bier
3. ein Tisch für zehn Personen
4. Fleisch mit Gemüse
5. ein bisschen Zucker
6. etwas zum Essen
7. Wie viel macht es?

Kaufen, kein Problem. Man kann zu jeder Zeit sein Geld unter die Leute bringen, selbst wenn man keines hat. Banken oder private Kredithaie drängen Darlehen auf, um ein neues Auto, einen Kühlschrank oder gleich ein ganzes Haus zu finanzieren. Die *carnets de chèques*, die Scheckbücher, sind besondere Verführer und werden jedem zur Verfügung gestellt, der ein Bankkonto hat. Und der Renner sind natürlich Kreditkarten, ohne die kaum noch was läuft. Frankreich liebt solche Errungenschaften, die Franzosen genießen die Freiheit, sich ohne Rücksicht auf den Kontostand jeden Wunsch erfüllen zu können. Allzuoft folgt dem Konsumrausch der Kater. Die Quittung kommt rot auf weiß. Und wenn die Familie erst mal mit mehr als dem Doppelten des Monatseinkommens verschuldet ist, dann greift eine Spirale, die kaum mehr aufzuhalten ist. Seit einiger Zeit hat die Banque de France, die Französische Nationalbank, eine zentrale Kreditkontrollstelle eingerichtet, um das Schlimmste zu verhindern. Eine besondere Abteilung vermittelt zwischen Schuldnern und Gläubigern und versucht, Lösungen für Ratenrückzahlungen zu finden. Einkaufsmöglichkeiten gibt es überall, in den *grands magasins* (Kaufhäuser wie Printemps oder Galeries Lafayette) und in den *petits magasins,* das sind die kleinen Läden – meist bis Samstagabend geöffnet und nicht selten montags geschlossen. Am Vormittag von Sonn- und Feiertagen stehen Bäcker, Metzger, Fischgeschäfte und Lebensmittelläden zu Diensten. Am Wochenende hat man Zeit zum Kochen, und frisch sollen die Zutaten schon sein. Beim *petit arabe,* der arabischen Gemischtwarenhandlung an der Ecke, kann man auch nach zehn Uhr abends noch schnell etwas für einen kleinen Imbiss besorgen.

Supérettes heißen die mittelgroßen Supermärkte, *supermarchés* oder *grandes surfaces* die modernen Einkaufszentren. Auch hier wird sonntagmorgens eingekauft, Konsum ist eben Freizeit. Die *hypermarchés* (Mammouth, Carrefour, Leclerc, Auchan) sind Großmärkte, die – außerhalb der Städte gelegen – nur mit dem Pkw zu erreichen sind. Öffnungszeiten bis 22 Uhr sind die Regel.

Bon prix!

Guter Preis!

Auch große Möbelhäuser wie IKEA oder Musik- und Buchläden wie Virgin Megastore öffnen sonntags, selbst wenn sie gar nicht dürfen. Die Gewerkschaften klagen dagegen, gewinnen die Prozesse, und nichts passiert. Die Gewinne sind eben höher als die zu zahlenden Strafen. Der in Frankreich weit verbreitete Musik- und Buchladen FNAC bleibt sonntags zu. Macht nichts. Über Internet (http://www.fnac.fr) können Sie auch nachts Bücher, CDs und CD-ROMs, Videocassetten, Reisen und Karten für Veranstaltungen bestellen.

Weit verbreitet ist die Bequemlichkeit, sein Geld per Katalog auszugeben. Trotz der Wirtschaftskrise steigen die Verkaufszahlen der Versandhäuser (Redoute, Trois Suisses). Aus den Hochglanzbroschüren kann man alles bestellen: Textilien, Bücher, Schallplatten, Videos, Möbel, alles zu verführerischen Preisen. Die Lieferung geht schnell, und wenn der Kunde nicht zufrieden ist, kann er alles ohne jegliche Kosten zurückschicken. Die Korsen ordern am meisten, im Schnitt für fast 5500 Francs pro Jahr, die Pariser folgen mit 1000 Francs. Die Käufer kommen aus allen Schichten, aber die weitaus besten Kunden der Versandhäuser sind die Selbständigen. Wahrscheinlich haben die gestressten Mittelständler kaum noch Zeit für das Einkaufen.

Das ist teuer, zu teuer!

C'est cher.	Das ist teuer.
C'est trop cher.	Das ist zu teuer.
C'est pas cher.	Das ist nicht teuer.

Allerlei Läden

le magasin Laden
la boulangerie Bäcker
la charcuterie Wurstwarengeschäft
la boucherie Metzger
la poissonnerie Fischgeschäft
la papeterie Schreib- und Papierwarenladen
l'alimentation (f) Lebensmittelgeschäft
le débit de tabac Tabak- und Briefmarkenladen
la librairie Buchhandlung
l'agence de voyages (f) Reisebüro
le marché Markt
le supermarché Supermarkt
la grande surface Großmarkt
le grand magasin Kaufhaus

la baguette *langes Brot*
le pain complet *Vollkornbrot*
seulement *nur*
le pain de seigle *Roggenbrot*
un litre *Liter*
l'huile d'olives *Olivenöl*
le vinaigre *Essig*
la moutarde *Senf*

le kilo de *Kilo*
les pommes de terre *Kartoffeln*
le melon *Honigmelone*
bon *gut*
une livre de *Pfund*
les tomates (f) *Tomaten*
les framboises (f) *Himbeeren*
l'ail (m) *Knoblauch*

29

Das tägliche Brot

Das Brot wird in der Regel jeden Tag frisch besorgt. Erstens, weil es schön knusprig ist, und zweitens, weil es bis zum nächsten Tag hart wird. Brot wird zu jeder Mahlzeit gegessen.

le pain	Brot
la baguette	langes Brot
la ficelle	langes, sehr dünnes Brot
la flûte	langes, dickeres Brot
le pain de campagne	rundes, graues Brot
le pain complet	Vollkornbrot
le pain de seigle	Roggenbrot

Der Preis für die *baguette, ficelle* und *flûte* wird staatlich festgelegt. Für andere Sorten, wie Roggenbrot oder Vollkornbrot, ist der Preis frei.

Die Verneinung

Die Verneinung mit einem Substantiv
ne (oder **n'**) + Verb + **pas** + **de** + Wort

Je **n'**ai **pas de** pain.	Ich habe kein Brot.
Bejahung: J'ai du pain.	Ich habe Brot.
Je **ne** mange **pas de** poisson.	Ich esse keinen Fisch.
Bejahung: Je mange **du** poisson.	Ich esse Fisch.

Die Hauptfrage!

La question:	*Die Frage*:
Qu'est-ce que c'est?	Was ist das?
La réponse:	*Die Antwort*:
C'est ...	Das ist ...

Beim Einkaufen

Bonjour Monsieur.	Guten Tag, mein Herr.
Bonjour Mademoiselle.	*Guten Tag, Fräulein.*
Je voudrais du pain.	Ich möchte Brot.
Une baguette?	*Eine Baguette?*
Vous avez du pain complet?	Haben Sie Vollkornbrot?
Non, je n'ai pas de pain complet, seulement du pain de seigle.	*Nein, ich habe kein Vollkornbrot, nur Roggenbrot.*
Alors, un pain de seigle s'il vous plaît.	Dann ein Roggenbrot, bitte.
Ça fait huit francs.	*Das macht acht Francs.*
Et pour vous, Madame?	*Und für Sie, meine Dame?*
Un litre d'huile.	Ein Liter Öl.
De l'huile d'olives?	*Olivenöl?*
Oui et du vinaigre.	Ja, und Essig.
Et avec ça?	*Sonst noch was?*
De la moutarde.	Etwas Senf.
Je n'ai pas de moutarde. Et avec ça?	*Ich habe keinen Senf. Und sonst noch was?*
C'est tout.	Das ist alles.
Vous désirez?	*Sie wünschen?*
Un kilo de pommes de terre.	Ein Kilo Kartoffeln.
Et avec ça?	*Sonst noch was?*
Et ça, qu'est-ce que c'est?	Und das? Was ist das?
Ça? C'est du melon.	*Das? Das ist Melone.*
Deux petits, s'il vous plaît.	Zwei kleine, bitte.
C'est très bon. Et avec ça?	*Das ist sehr gut. Und noch was?*
Une livre de tomates, des framboises et de l'ail.	Ein Pfund Tomaten, Himbeeren und Knoblauch.
Alors, une livre de tomates, des framboises et?	*Also, ein Pfund Tomaten, Himbeeren und?*
De l'ail.	Knoblauch.
Voilà Madame, ça fait ... douze et neuf... vingt et un.	*Hier meine Dame, das macht ... zwölf plus neun ... einundzwanzig.*
C'est pas cher.	Das ist nicht teuer.

Apostrophe

ne, le, de werden zu **n', l', d'**, wenn das nächste Wort mit einem Vokal anfängt: **n'ai , l'étudiant, l'hôtel, d'argent. « l'»** kann **«der»** oder **«die»** bedeuten.

1. Beim Bäcker. Formulieren Sie Ihren Wunsch

*«Je voudrais **une baguette**»*

31

1. une baguette
2. du pain complet
3. un petit pain
4. une flûte
5. du pain de seigle
6. une ficelle
7. six croissants

2. Wie heißt es richtig: du, de la, des oder de l'?

1. ... pain
a du
b la
c trop de

2. ... moutarde
a du
b pas
c de la

3. ... de vin
a un morceau
b une bouteille
c la

4. ... de vinaigre
a un kilo
b un litre
c une flûte

3. Übersetzen Sie auf Französisch

Was brauchen Sie für die Salatsoße?
«de l'huile»

1. Öl
2. Essig
3. Salz
4. Pfeffer
5. Senf
6. Knoblauch

4. Die richtige Antwort: a oder b?

In welcher Menge kann man kaufen?

1. **a** un litre de pommes de terre
b trois kilos de pommes de terre
2. **a** cinquante grammes d'huile
b un litre d'huile
3. **a** une livre de tomates
b un litre de tomates
4. **a** cent grammes de croissants
b trois croissants
5. **a** deux baguettes
b un litre de baguettes

5. Der Verkäufer hat das nicht. Verneinen Sie

*«Je n'ai pas **de moutarde**»*

1. moutarde **2.** huile **3.** vinaigre **4.** tomates **5.** petits pains au chocolat **6.** pain complet **7.** ail **8.** croissants **9.** melon

Der Markt

Au marché geht man, um seine Einkäufe zu erledigen, aber auch, um eine Runde zu drehen. Hier sieht man, was es heute Neues gibt, und natürlich, wer auf dem Markt ist.

Die Märkte sind seit jeher auch ein Ort der Kommunikation. Früher auf den Viehmärkten (heute nur noch vereinzelt) gingen die Bauern, nachdem das Geschäft erledigt war, in die Kneipe, um zu essen und um Neuigkeiten auszutauschen. Geblieben ist das Vergnügen, frische Eier und Hühner (manchmal noch lebende) vom Bauern aus dem Umland zu kaufen, die Preise zu vergleichen, eine Kirsche, ein Stück Käse zu probieren, dem *camelot*, Marktschreier, zuzuhören, die Farben und Gerüche zu genießen oder hier und da zu plaudern und zu scherzen. Überall findet man Märkte mit unterschiedlichem Angebot: spezielle Märkte, wie die *marchés au poisson*, Fisch, in den Häfen, *marchés de fruits et légumes*, Obst und Gemüse, oder Märkte für ökologische Produkte, wie zum Beispiel am Sonntagvormittag auf dem Boulevard Raspail in Paris.

Fast alles kann man auf Märkten kaufen: vom lebenden Hasen bis zu Geranienpflanzen, vom schicken, teuren oder billigen Sommerkleid bis zum Kuchenmesser, von alten Schallplatten bis zum Rattankorb, vom afrikanischen Schmuck bis zur Sammeltasse.

Je nach Jahreszeit sind die Märkte mehr oder weniger groß und voll, aber gleich wie das Wetter auch ist, zu schauen und zu erleben hat man immer etwas.

Nach dem Preis fragen

Combien ça coûte?	Wie viel kostet es?
Combien ça fait?	Wie viel macht es?

Sie wünschen?

Vous désirez?	Sie wünschen?
Vous êtes servi?	Werden Sie schon bedient?
Et pour vous, Madame?	Und für Sie, meine Dame?
Et avec ça?	Sonst noch was?

le poisson *Fisch*
les moules *Miesmuscheln*
le morceau *Stück*
le cabillaud *Kabeljau*
désolé *es tut mir Leid*
où se trouve? *wo befindet sich?*
le rayon *Abteilung (im Kaufhaus)*
les vêtements *Kleidung*
devant *vor*
je peux *ich kann*
essayer *anprobieren*
la jupe *Rock*
la taille *Größe*
la couleur *Farbe*
rouge *rot*
joli *schön*
petit *klein*
vous cherchez? *Sie suchen?*
acheter *kaufen*

Aussprache

geschrieben	*gesprochen*
chèque	schäk
briquet	brikä
peux	pö
pouvez	puweh
qu'est-ce que c'est?	keskössä
que	koe
qui?	ki
quel?	kel
quoi?	kwa

Fragen mit «quel»

quel poisson?	welcher Fisch?
quels journaux?	welche Zeitungen?
quelle taille?	welche Größe?
quelles cigarettes?	welche Zigaretten?

Ob männlich, weiblich, Einzahl oder Mehrzahl, «quel» wird immer gleich gesprochen.

Meinungen

C'est **trop** cher.	Das ist zu teuer.
C'est **trop** grand.	Das ist zu groß.
C'est **trop** petit.	Das ist zu klein.
C'est **trop.**	Das ist zu viel.
C'est bon.	Das schmeckt gut.
C'est joli.	Das ist schön.
C'est bien.	Das ist gut.

Besorgungen

Vous avez du poisson frais?	Haben Sie frischen Fisch?
Mais oui.	*Aber ja.*
Et ça? Qu'est-ce que c'est ça?	Und das? Was ist denn das?
Ça? Des moules. C'est très bon.	*Das? Miesmuscheln. Die sind sehr gut.*
C'est cher?	Sind sie teuer?
Vingt francs le litre.	*Zwanzig Francs der Liter.*
C'est trop cher! Je voudrais un morceau de cabillaud.	Das ist zu teuer! Ich möchte ein Stück Kabeljau.
Ça fait douze francs cinquante.	*Das macht zwölf Francs fünfzig.*
Un litre de lait, s'il vous plaît.	Einen Liter Milch, bitte.
Voilà, et avec ça?	*Und noch was?*
C'est tout, merci.	Das ist alles, danke.
Monsieur, où se trouve le rayon vêtements s'il vous plaît?	Mein Herr, wo befindet sich die Kleiderabteilung bitte?
Devant vous.	*Vor Ihnen.*
Je peux essayer la jupe?	Kann ich den Rock anprobieren?
Mais oui, quelle taille?	*Ja, welche Größe?*
Trente-huit.	Achtunddreißig.
Quelle couleur?	*Welche Farbe?*
Rouge. Oh, c'est joli!	Rot. Oh, das ist schön!
Ça va, la taille?	*Geht es mit der Größe?*
C'est trop petit.	Das ist zu klein.
Vous pouvez essayer le quarante.	*Sie können Größe vierzig anprobieren.*
C'est trop grand!	Das ist zu groß!
Je regrette.	*Es tut mir Leid.*
Où je peux acheter des cigarettes?	Wo kann ich Zigaretten kaufen?
Au bureau de tabacs.	*Im Tabakladen.*

1. Wiederholen Sie die Frage, und geben Sie die Antwort

«Et ça? Qu'est-ce que c'est?»
«Ça? c'est de l'ail»

1. de l'ail
2. des tomates
3. de l'huile d'olives
4. du melon
5. de la moutarde
6. des moules
7. rien

2. Fragen Sie, wo Sie finden

«Où se trouve ***le rayon vêtements?»***

1. le rayon vêtements
2. les cigarettes
3. le pain
4. le fromage
5. la viande
6. les légumes
7. les œufs

34

3. Beantworten Sie mit Ihren eigenen Angaben

Sie kaufen ein Kleid oder eine Hose

1. Quelle taille?
2. Quelle couleur?

4. Übersetzen Sie ins Französische

1. Das ist zu teuer.
2. Das ist zu groß.
3. Das ist zu klein.
4. Das ist zu viel.
5. Das ist zu gut.
6. Das ist zu rot.

5. Übersetzen Sie ins Deutsche

1. Je peux essayer?
2. Quelle taille?
3. Un morceau de cabillaud s'il vous plaît.
4. Je voudrais des moules.
5. Un litre de lait.
6. Le rayon parfum.

6. Was gehört zusammen?

1. bon
2. cher
3. joli
4. petit
5. grand
6. frais
7. trop petit
8. trop cher
9. pas mal

a klein
b frisch
c zu teuer
d schön
e nicht schlecht
f gut
g teuer
h zu klein
i groß

Der Verbraucher

Der hemmungslose Konsum hat einen Knick bekommen. *Un climat de déprime,* eine Atmosphäre der Depression, schleicht sich ein. Wirtschaftskrise, Arbeitslosigkeit, Umweltprobleme und auch Kriege führen zu veränderten Verhaltensmustern: Man zögert bei Investitionen, *faire des économies,* sparen, ist angesagt. Gebrauchsgegenstände werden länger benutzt und lieber wieder repariert als schnell weggeworfen.

Die Menschen überlegen sich, ob *la vieille voiture, la télé, le frigo,* das alte Auto, der Fernseher, der Kühlschrank, nicht noch länger ihren Dienst erfüllen können. Die Angst, dass es noch schlechter kommt, prägt zunehmend das Konsumverhalten. Viele Menschen geben ihr Geld bewusst anders aus: für *la santé,* Gesundheit, für *loisirs organisés* (organisierte Freizeit) mit verschiedenen Sportarten oder für dic *vacances vertes,* grüne Ferien in der Natur. Die individualistische Haltung, sich selbst etwas Gutes zu tun und gleichzeitig für eine bessere Zukunft zu sorgen, führt auch zu verändertem Kaufverhalten bei den kleinen Dingen des Alltags: *les produits verts,* grüne Produkte, sind im Kommen. Ökologische und biologische Erzeugnisse, von Gemüse bis Waschpulver, verzeichnen in Frankreich stark steigende Verkaufszahlen.

Der Tabak

Interdiction de fumer, Rauchverbot, steht für den Vormarsch der Nichtraucher. Ob es mit dem neuen Bewusstsein für die Gesundheit zusammenhängt oder mit Sparmaßnahmen: Rauchen gerät in Frankreich zunehmend in schlechten Ruf. Neue Gesetze verbieten das Rauchen in Behörden, in bestimmten Teilen von Restaurants, Kneipen und bei Air Inter auf Inlandflügen. Man untersagt die Werbung für Zigaretten im Kino, bei Sportveranstaltungen, in Zeitschriften – den Nikotinsüchtigen geht es an den Kragen. Immerhin hat sich der Tabakkonsum in letzter Zeit um drei Prozent verringert. Aber immer noch profitiert der Staat von der Sucht: Das französische Finanzamt kassiert mehr denn je durch saftige Preiserhöhungen und 73 Prozent Steuern auf alle Tabakwaren.

Wichtige unregelmäßige Verben

avoir haben	**être** sein	**pouvoir** können
j'ai	je suis	je peux
tu as	tu es	tu peux
il a	il est	il peut
nous avons	nous sommes	nous pouvons
vous avez	vous êtes	vous pouvez
ils ont	ils sont	ils peuvent

le timbre *Briefmarke*
la lettre *Brief*
la carte postale *Postkarte*
l'étranger *Ausland*
l'enveloppe *Umschlag*
le filtre *Filter*
le paquet *Schachtel*
les allumettes *Streichhölzer*
le briquet *Feuerzeug*

quoi? *was?*
vous vendez? *Sie verkaufen?*
le journal *Zeitung*
bien sûr *natürlich*
je regarde *ich schaue nach*
bien *gut*
une carte de la région *Landkarte*
le touriste *Tourist*
la boîte aux lettres *Briefkasten*

Einzahl – Mehrzahl

le journal	les journaux
le bureau	les bureaux
le travail	les travaux

Quoi? Was?

Dieses oft gebrauchte kleine Wort drückt ziemlich umgangssprachlich Erstaunen oder Unverständlichkeit aus.

Regelmäßige Verben

travailler arbeiten

je travaille	ich arbeite	nous travaill**ons**	wir arbeiten
tu travaille**s**	du arbeitest	vous travaill**ez**	ihr arbeitet
elle/il travaille	sie/er arbeitet	elles/ils travaill**ent**	sie arbeiten

parler sprechen *regarder schauen*

Die Mehrheit der Verben enden auf **-er** und werden genauso wie «travailler» konjugiert.
Ideal für Zungenmuffel: Alle Formen im Singular und die dritte Person Plural werden gleich ausgesprochen.

manger

je mang**e**	nous mang**e**ons
tu mang**es**	vous mang**ez**
elle/il mange	elles/ils mang**ent**

Verben wie **manger** (mit **-ger** am Ende) behalten das **e** bei der ersten Person Mehrzahl.

Im Tabakladen

Bonjour Monsieur, vous avez des timbres?	Guten Tag, mein Herr, haben Sie Briefmarken?
Pour des lettres ou des cartes postales?	*Für Briefe oder für Postkarten?*
Pour des cartes postales.	Für Postkarten.
Pour la France ou pour l'étranger?	*Für Frankreich oder für das Ausland?*
Pour l'étranger, pour l'Allemagne.	Fürs Ausland, für Deutschland.
Combien?	*Wie viel?*
Dix. Et je voudrais des enveloppes.	Zehn. Und ich möchte Briefumschläge.
Oui, combien?	*Ja, wie viel?*
Vingt-cinq. Et où se trouve la boîte aux lettres?	Fünfundzwanzig. Und wo ist der Briefkasten?
Devant le café.	*Vor dem Café.*
Un paquet de Gauloises.	Eine Schachtel Gauloises.
J'ai seulement des Gauloises légères avec filtres.	*Ich habe nur Gauloises light mit Filter.*
Vous avez des allumettes?	Haben Sie Streichhölzer?
Non, je n'ai pas d'allumettes, seulement des briquets.	*Nein, ich habe keine Streichhölzer, nur Feuerzeuge.*
Bon, un briquet s'il vous plaît.	Gut, ein Feuerzeug bitte.
Voilà, ça fait treize francs.	*So, das macht dreizehn Francs.*
Le «Frankfurter Allgemeine», s'il vous plaît.	Die «Frankfurter Allgemeine», bitte.
Quoi?	*Was?*
C'est un journal allemand.	Das ist eine deutsche Zeitung.
Ah, bon.	*Ah, gut.*
Vous vendez des journaux allemands?	Verkaufen Sie deutsche Zeitungen?
Oui, bien sûr, je regarde.	*Ja, natürlich, ich schaue nach.*
Voilà, c'est allemand.	*Hier, die ist deutsch.*
Mais c'est «Die Welt».	Aber das ist «Die Welt».
C'est très bien.	*Die ist sehr gut.*
Bon, d'accord. Vous avez une carte de la région?	Gut, einverstanden. Haben Sie eine Landkarte von der Region?
Oui. Je regarde. Voilà, c'est une très bonne carte. C'est pour les touristes.	*Ja. Ich schaue nach. Hier, das ist eine sehr gute Karte. Die ist für die Touristen.*

1. Was passt zusammen?

1. une cigarette
2. un journal
3. une carte
4. des Gauloises
5. des timbres

a sans filtre
b postale
c pour l'Allemagne
d allemand
e légère

2. Was fehlt: «le» oder «la»?

1. timbre
2. journal
3. briquet
4. carte postale
5. paquet
6. taille
7. couleur
8. roman

3. Welche Antwort ist richtig?

1. Où se trouve le rayon vêtements?
   a Dans le restaurant.
   b Aux Galeries Lafayettes.
2. Vous avez des cigarettes?
   a Quelle taille?
   b Avec ou sans filtre?
3. Vous cherchez les journaux allemands.
   a Oui, le «Spiegel».
   b Oui, taille quarante.

37

4. Was gehört zusammen?

1. un litre de
2. deux kilos de
3. un pot de
4. trois cents grammes de
5. un paquet de
6. deux
7. un morceau de

a pommes de terre
b crème fraîche
c cigarettes
d melons
e vin
f framboises
g tarte

5. Setzen Sie das richtige Wort ein

1. Man kann es hauptsächlich beim Bäcker kaufen: .... **2.** Es kommt aus dem Meer, manchmal auch aus Flüssen: .... **3.** So fragt der Verkäufer, um zu erfahren, ob Sie noch etwas wünschen: .... **4.** Das sagen Sie, wenn Sie etwas kaufen wollten, Ihr Portemonnaie aber streikt: .... **5.** Statt Streichhölzer nimmt man auch: .... **6.** Wer einen anderen Pass hat als die Staatsbürger im Land, ist ein: .... **7.** Sie möchten gern wissen, was das ist: ....?

Verben

kann ich
je peux
anprobieren
essayer
Sie suchen?
vous cherchez?
kaufen
acheter
Sie verkaufen?
vous vendez?
wo befindet sich?
où se trouve?
ich schaue nach
je regarde

Im Kaufhaus

Abteilung
le rayon
Kleidung
les vêtements
Rock
la jupe
Größe
la taille
Farbe
la couleur

Im Tabakladen

Ausland
l'étranger
Brief
la lettre
Feuerzeug
le briquet
Filter
le *filtre*
Landkarte
une carte de la région
Postkarte
la carte postale
Streichhölzer
les allumettes
Umschlag
l'enveloppe
Zeitung
le journal
Briefmarke
le timbre
Papier
le papier

Im Laden

Ei
l'œuf
Essig
le vinaigre
Fisch
le poisson
Himbeeren
les framboises
Kartoffeln
les pommes de terre
Miesmuscheln
les moules
Olivenöl
l'huile d'olives
Tomaten
les tomates
Senf
la moutarde
Honigmelone
le melon
Knoblauch *l'ail*

Mengen

Liter
un litre de
Kilo
un kilo de
Pfund
une livre de
Stück
un morceau de
Topf
le pot de
Schachtel
le paquet de

Sonstiges

es tut mir Leid
je suis désolé
gut
bon
gut
bien
klein
petit
natürlich
bien sûr
rot
rouge
schön
joli
Tourist
le touriste
vor (örtlich)
devant
was?
quoi?

offen und zu

ouvert	offen
fermé	zu
le jour férié	Feiertag
Quand ouvrez-vous?	Wann öffnen Sie?
Quand fermez-vous?	Wann schließen Sie?

Tage		Monate	
lundi	Montag	**janvier**	Januar
mardi	Dienstag	**février**	Februar
mercredi	Mittwoch	**mars**	März
jeudi	Donnerstag	**avril**	April
vendredi	Freitag	**mai**	Mai
samedi	Samstag	**juin**	Juni
dimanche	Sonntag	**juillet**	Juli
		août	August
		septembre	September
		octobre	Oktober
		novembre	November
		décembre	Dezember

les quantités: Mengenangaben mit «de»

un kilo de	Kilo
une livre de	Pfund
cent grammes de	hundert Gramm
un morceau de	Stück
une boîte de	Dose
un pot de	Topf
un paquet de	Schachtel, Paket
une tranche de	Scheibe

Les moules

werden literweise verkauft und sind angeblich in Monaten mit «r» am besten. Um Vergiftungen vorzubeugen: Nur die Muscheln kochen, die geschlossen sind. Dann nur die Muscheln essen, die offen sind.

1. Zwei sind falsch, bleibt eine richtige Lösung

1. Où je .... acheter des timbres?
a pain
b peux
c pot

2. Vous avez du .... complet?
a pour
b bon
c pain

3. Je voudrais un litre .... lait.
a du
b des
c de

4. .... taille?
a combien
b quoi
c quelle

5. Des timbres ..... l'Allemagne.
a devant
b pour
c du

6. C'est ..... cher.
a trop
b petit
c mais

2. Welches Wort passt nicht in die Kette?

1. cigarettes – poisson – briquet – allumettes
2. pain – journal – croissant – pain complet
3. avec – chercher – mais – pour
4. essayer – taille – couleur – crème fraîche
5. cabillaud – carte postale – poisson – moules
6. quel – étranger – allemand – français

3. Wissen Sie es auf Französisch?

1. Viele Frauen tragen ihn gerne mini.
2. Sollte man vor dem Einwerfen auf die Karte kleben.
3. Wenn Sie entsetzt auf die Preise reagieren.
4. Viele Deutsche suchen es vergeblich in Frankreich, sie finden nur *baguettes*.
5. Werden literweise verkauft und sind in Monaten mit «r» am besten.

4. Haben Sie aufgepasst?

1. Kreditkarten tragen dazu bei, dass
   - **a** der französische Franc verschwindet.
   - **b** Franzosen sich verschulden.
   - **c** Franzosen ihre Schulden loswerden.

2. Sonntagvormittags kann man
   - **a** Ratenrückzahlungen tätigen.
   - **b** kein frisches Brot bekommen.
   - **c** Nahrungsmittel einkaufen.

3. Gestresste Mittelständler kaufen
   - **a** nur beim *petit arabe*.
   - **b** nur in *supérettes*.
   - **c** nicht wenig per Katalog.

4. Auf den Märkten gibt es
   - **a** alles, vom lebendigen Hasen bis zum Geranientopf.
   - **b** Preisnachlässe für sozial Schwache.
   - **c** nichts ohne Kreditkarte.

5. *Faire des économies* steht für
   - **a** Wirtschaftswandel in Kriegszeiten.
   - **b** Auf-den-Putz-Hauen in Friedenszeiten.
   - **c** Sparen in Krisenzeiten.

6. *L'interdiction de fumer* gilt
   - **a** in Behörden und Kaufhäusern.
   - **b** überall in Restaurants.
   - **c** während der *vacances vertes*.

5. Welcher Satz ist richtig?

1. **a** Je n'ai pas du pain.
   b Je n'ai pas de pain.
2. **a** Je voudrais une baguette.
   b Je voudrait un baguette.
3. **a** C'est un journal français.
   b Septe une journal française.
4. **a** Où se trouvent la boîte au lettres?
   b Où se trouve la boîte aux lettres?

Jedes Jahr im Juli und August bricht in Frankreich die große Völkerwanderung aus. Die Städte leeren sich, die Campingplätze füllen sich, und an den Stränden wimmelt es, dass man kaum noch ein Plätzchen für sein Handtuch findet. Etwa 25 Millionen Franzosen sind unterwegs und mischen sich unter die ausländischen Touristen. Vor dem totalen Verkehrskollaps schützt das Informationssystem von *«Bison futé»*. Das nationale Straßennetz wird auf den Bildschirmen an den *autoroutes* nach Farben klassifiziert – grün: der Weg ist frei, orange: man muss mit Staus rechnen, rot: am besten die Reise verschieben oder auf *itinéraires bis* – alternative Strecken – ausweichen. Besonders schlimm ist es zu Beginn der Schulferien in der zweiten Juliwoche und Anfang August, wenn die großen Fabriken dichtmachen. Höhepunkt ist dann das Wochenende um den Feiertag am 15. August.

Sechzig Prozent der Franzosen fahren in Urlaub, aber nur jeder sechste ins Ausland. Warum sollte man auch die Grenze überqueren, wo Frankreich mit seiner Vielfalt an Landschaften doch alles bietet, was das Urlauberherz erfreut: Sonne und gutes Essen, Mittelmeer und Atlantik, Hoch- und Mittelgebirge, ländliche Idylle mit sauberen Flüssen. Die sechzig Millionen ausländischen Touristen, die jährlich Frankreich besuchen, wissen das auch.

Die Mehrheit drängt sich immer noch am Meer. Aber Nichtstun am Strand, die langen Stunden in der Sonne, *bronzer idiot*, sich dumm und dämlich bräunen, das weicht allmählich sportlichen und kulturellen Aktivitäten. Immer mehr Franzosen möchten in ihren Ferien etwas Neues erleben und das Familienleben genießen. Die drei «S» – *soleil, sable, sexe* (Sonne, Sand, Sex) reichen nicht mehr aus für erfüllte vier Wochen Urlaub. Der Trend geht zurück zu Natur und Kultur.

Die lokalen Touristik-Organisationen haben sich auf diesen neuen Trend eingestellt. Selbst kleine Orte bieten Musik, Theater und Festi-

Bonnes-vacances!

Schönen Urlaub!

vitäten unter einem bestimmten Motto an. *Reconstitution historique* lässt historisch bedeutende Ereignisse und Traditionen wieder aufleben. Immer häufiger unterbrechen Franzosen ihren Urlaub für eine kulturelle Exkursion, beispielsweise zum *festival d'Avignon*, wo rund um die Uhr Vorstellungen im Theater und auf der Straße stattfinden, zum *festival d'Aix en Provence*, einem großen Opernfestival, zum *festival de jazz d'Antibes* oder zum Kinofestival in La Rochelle.

Die Hinwendung zur Natur führt auch zu Konflikten. Vor allem die zahlreichen und gut organisierten Jäger fühlen sich durch wandernde Touristen gestört. In manchen Regionen liefern sich die Jäger auch heftige Auseinandersetzungen mit den Naturschützern, die vor allem in den sechs großen *parcs nationaux*, den Nationalparks, für den Erhalt der Flora und Fauna kämpfen.

Erwiderungen

laissez-moi tranquille	lassen Sie mich in Ruhe
tire-toi	hau ab
casse-toi	verdrück dich
je ne parle pas français	ich spreche kein Französisch
je ne sais pas	ich weiß nicht
ça dépend	das kommt darauf an

(siehe auch Seite 101)

il fait beau *das Wetter ist schön*
beau *schön*
chaud *warm*
hier *gestern*
ça vous plaît? *gefällt es Ihnen?*
ça me plaît *es gefällt mir*
la famille *Familie*
le mari *Ehemann*
l'enfant *Kind*
l'âge *Alter*
la fille *Tochter*
le fils *Sohn*
la première fois *das erste Mal*
la plage *Strand*
la mer *Meer*
propre *sauber*
marié *verheiratet*

ma, mon, mes

la famille	**ma** famille	meine Familie
le fils	**mon** fils	mein Sohn
les enfants	**mes** enfants	meine Kinder
la fille	**votre** fille	Ihre/eure Tochter
le mari	**votre** mari	Ihr/euer Mann
les vacances	**vos** vacances	Ihre/eure Ferien

Die vollständige Konjugation im Präsens

être sein	**avoir** haben
je **suis** ich bin	j'**ai** ich habe
tu **es** du bist	tu **as** du hast
il/elle **est** er/sie ist	il/elle **a** er/sie hat
nous **sommes** wir sind	nous **avons** wir haben
vous **êtes** Sie sind/ihr seid	vous **avez** Sie haben/ihr habt
ils/elles **sont** sie sind	ils/elles **ont** sie haben

beau – belle

Le camping est **beau**.	Der Campingplatz ist schön.
La mer est **belle**.	Das Meer ist schön.

Kleine Unterhaltungen

Bonjour Madame.	Guten Tag, meine Dame.
Bonjour Monsieur.	*Guten Tag, mein Herr.*
Il fait beau aujourd'hui.	Es ist schön heute.
Oui, il fait chaud.	*Ja, es ist warm.*
Hier, il a fait froid.	Gestern war es kalt.
Et aujourd'hui, il fait très chaud.	*Und heute ist es sehr warm.*
Vous êtes en vacances?	Sind Sie im Urlaub?
Oui, je suis au camping.	*Ja, ich bin auf dem Campingplatz.*
Ça vous plaît le camping?	Gefällt Ihnen der Campingplatz?
Oui, ça me plaît.	*Ja, er gefällt mir.*
Vous êtes avec des amis?	Sind Sie mit Freunden hier?
Non.	*Nein.*
Avec votre famille?	Mit Ihrer Familie?
Oui, avec mon mari et mes enfants.	*Ja, mit meinem Mann und meinen Kindern.*
Quel âge ont vos enfants?	Wie alt sind Ihre Kinder?
Ma fille a neuf ans et mon fils quatre.	*Meine Tochter ist neun und mein Sohn vier.*

Bonsoir Madame.	Guten Abend, meine Dame.
Bonsoir.	*Guten Abend.*
Vous êtes ici pour la première fois?	Sind Sie zum ersten Mal hier?
Oui, c'est la première fois.	*Ja, es ist das ersten Mal.*
Ça vous plaît ici?	Gefällt es Ihnen hier?
Oui, c'est très joli.	*Ja, es ist sehr hübsch.*
La plage est belle.	Der Strand ist schön.
Oui, très belle.	*Ja, sehr schön.*
Et la mer est propre.	Und das Wasser ist sauber.
C'est bien pour les enfants.	*Das ist gut für die Kinder.*
Vous êtes mariée?	Sind Sie verheiratet?
Oui, mais mon mari travaille.	*Ja, aber mein Mann arbeitet.*

Wie ist das Wetter heute?

Der Erfolg der Ferien hängt vom Wetter ab, und das taugt immer zum Gespräch.

il fait beau	es ist schön	**il fait mauvais**	es ist schlecht
il fait chaud	es ist warm	**il fait lourd**	es ist schwül
il fait froid	es ist kalt	**il fait soleil**	die Sonne scheint

1. Wie lautet die richtige Antwort?

40

1. Il fait chaud aujourd'hui.
   a Oui, très chaud.
   b Oui, c'est propre.
2. Vous êtes à l'hôtel?
   a Je suis Allemand.
   b Non, au camping.
3. Quel âge vous avez?
   a Vingt-deux ans.
   b Avec mon mari.

2. Fragen Sie Ihren Gesprächspartner, ob ... ihm gefällt

*«Ça vous plaît, **le camping?**»*

1. le camping
2. la plage
3. la mer
4. ici
5. la ville
6. la France
7. l'hôtel

3. Sie möchten Ihren netten Nachbarn am Strand, auf dem Campingplatz oder in der Kneipe kennen lernen. Sie sind sehr indiskret und fragen viel...

*«Vous êtes **en vacances?**»*

1. en vacances
2. avec des amis
3. seul
4. marié
5. au camping
6. à l'hôtel
7. ici pour la première fois
8. Français

4. Sagen Sie Ihre Meinung

*«**La plage** est **belle**.»*

1. la plage/belle
2. la mer/chaude
3. votre fille/jolie
4. mon mari/beau
5. l'eau/froide
6. le camping/propre

5. Was sagen Sie auf Französisch, wenn...

1. Sie am Strand schwitzen?
2. eine Sache Ihnen gut gefällt?
3. es das allererste Mal ist?
4. Sie Ihren neuen Freund nach seinem Alter fragen?

Die aktive Freizeit

Sport steht an erster Stelle. Bevorzugt werden Tennis, Radfahren und danach Surfen. In den letzten Jahren haben *le VTT (vélo tout terrain)*, das Mountainbike, und *le VTC (vélo tout chemin)*, das Tourenrad, einen besonders für die Industrie erfreulichen Boom erlebt.

Seit den achtziger Jahren treibt es immer mehr Urlauber zur *randonnée*, der Wanderung in der Natur. Millionen pilgern über die insgesamt 120 000 Kilometer markierter Wanderwege und erfreuen sich an Wäldern, Wiesen und Bergen. In ganz Frankreich bieten Clubs, Vereine und Reisebüros Touren an, die Bewegung mit Kultur und Komfort verbinden. Man entdeckt tagsüber Schlösser und kleine Museen, spaziert auf den Spuren berühmter Schriftsteller und schläft abends in *gîtes d'étape*, bewirteten Hütten, oder in *chambres d'hôte*, Fremdenzimmern. Abrackern mit zu viel Gepäck braucht sich längst keiner mehr – entweder der Packesel wird gleich mitgebucht, oder der Reiseveranstalter kümmert sich darum, dass abends der Koffer auf dem Zimmer liegt.

Viele möchten auf Gewässer nicht verzichten, haben es lieber nass und kühl: Nicht nur das Meer, sondern auch die 25 000 Kilometer schiffbarer Flüsse finden viele Freunde. Tausende von *canoës* und *kayaks*, Kanus und Kajaks, treiben im Sommer durch die Schluchten der Ardèche, die populärste Wildwasserstrecke Frankreichs. Wer sich weniger anstrengen will, geht vielleicht lieber zum Angeln. Seitdem die Kommunen sich stärker um die Reinheit der Flüsse bemühen, werden wieder mehr Forellen und sogar Lachse gefangen.

Auf jedem Dorfplatz in Südfrankreich versammeln sich alte und junge Männer, um sich stundenlang ihrem Lieblingssport zu widmen: dem Werfen der Stahlkugeln nach der kleinen Holzkugel. Was Adenauer als *boccia* in Deutschland bekannt machte, heißt in der französischen Variante *pétanque*. Inzwischen versuchen sich die Touristen auch schon in dieser Sportart, in den Dorfmannschaften haben allerdings nur Einheimische eine Chance. Die existentielle, mit philosophischer Ernsthaftigkeit gestellte Frage des Spielers an seine Partner lautet überall: «*Je tire ou je pointe?*» – soll ich schießen oder zielen, die Kugel des Gegners wegstoßen oder meine eigene möglichst nahe an der Holzkugel platzieren? Was nach einem gemütlichen Zeitvertreib aussieht, kennt durchaus einen nationalen Leistungsvergleich: als Zweikampf, *tête à tête*, als Mannschaftskampf, *doublette*, oder gleich als Kampf von drei Teams, *triplette*.

ça dépend *es kommt darauf an*
on *man*
je n'ai pas envie *ich habe keine Lust*
pourquoi *warum*
une glace *ein Eis*
je n'aime pas *ich mag nicht*
une bonne idée *eine gute Idee*
on y va *los, gehen wir*

41

le sport *Sport*
beaucoup *sehr, viel*
la bicyclette *Fahrrad*
le ski *Ski*
moi aussi *ich auch*
la planche à voile *Surfbrett*
le vent *Wind*
dangereux *gefährlich*

Aussprache

geschrieben	***gesprochen***
pourquoi	purkwa
on y va	onniwa
bicyclette	bissiklett

faire

Faire ist ein wichtiges Allzweckverb, das nicht nur *machen* oder *tun* bedeutet, sondern auch in vielen Redewendungen benutzt wird.

il fait beau, chaud, froid	das Wetter ist schön, warm, kalt
il fait soleil	die Sonne scheint
je fais de la bicyclette	ich fahre Rad
je fais du ski	ich fahre Ski
je fais de la planche à voile	ich surfe
je fais du sport	ich treibe Sport
je fais du camping	ich zelte

je fais	**nous faisons**
tu fais	**vous faites**
il/elle fait	**ils/elles font**

Zukunft leicht gemacht: aller + Infinitiv

je vais manger	ich werde essen
tu vas faire	du wirst machen
il/elle va boire	er/sie wird trinken
nous allons arriver	wir werden ankommen
vous allez travailler	ihr werdet/ Sie werden arbeiten
ils/elles vont acheter	sie werden kaufen

Was treibst du so?

Qu'est-ce que tu fais aujourd'hui?	Was machst du heute?
Ça dépend.	*Es kommt darauf an.*
On va à la plage?	Gehen wir zum Strand?
Je n'ai pas envie.	*Ich habe keine Lust.*
Pourquoi?	Warum?
Il fait trop chaud.	*Es ist zu warm.*
On va manger une glace?	Gehen wir ein Eis essen?
Je n'aime pas les glaces.	*Ich mag kein Eis.*
On va boire un café ?	Gehen wir einen Kaffee trinken?
Oui, c'est une bonne idée.	*Ja, das ist eine gute Idee.*
Alors, on y va.	Also, gehen wir.
Tu aimes le sport?	Magst du Sport?
Oui, beaucoup.	*Ja, sehr.*
Qu'est-ce que tu fais comme sport?	Was treibst du für einen Sport?
Je fais de la bicyclette, et toi?	*Ich fahre Rad, und du?*
Je fais du ski.	Ich fahre Ski.
Moi aussi.	*Ich auch.*
Qu'est-ce que tu fais demain?	Was machst du morgen?
Je ne sais pas, et toi?	*Ich weiß nicht, und du?*
Je vais faire de la planche à voile.	Ich werde surfen.
Tu aimes la planche à voile?	*Magst du Windsurfing?*
Oui, et toi?	Ja, und du?
Ça dépend.	*Das kommt darauf an.*
Il y a du vent. C'est bien pour la planche à voile.	Es gibt Wind. Das ist gut für Windsurfing.
Vous faites de la planche à voile?	*Surfen Sie?*
Non, je n'aime pas.	Nein, ich mag das nicht.
Pourquoi?	*Warum?*
C'est trop dangereux.	Es ist zu gefährlich.

on va à la plage?

In der Umgangssprache wird «on» – man – im Sinne von «nous» – wir – benutzt.

je t'aime un peu / beaucoup...

Das Verb **«aimer»** bedeutet sowohl lieben als auch mögen.

j'aime mon mari	ich liebe meinen Mann
j'aime la mer	ich mag das Meer

Damit es zu keinem Missverständnis kommt:

je t'aime	ich liebe dich
je t'aime beaucoup	ich mag dich sehr

1. Wie lautet die richtige Antwort?

1. Qu'est-ce que tu fais aujourd'hui?
a Je vais à la plage.
b C'est une bonne idée.

2. Tu fais du sport?
a Oui, je fais de la planche à voile.
b Oui, j'aime la glace.

3. Pourquoi tu n'aimes pas les glaces?
a C'est trop froid.
b On y va.

4. On va au restaurant?
a Oui, c'est une bonne idée.
b C'est dangereux.

5. Tu aimes la mer?
a Oui, beaucoup.
b Moi aussi.

2. Sagen Sie, was Sie mögen

*«J'aime **la glace.**»*

1. la glace
2. la mer
3. les vacances
4. la plage
5. faire du sport
6. la France
7. les enfants
8. le soleil
9. la bière

3. Sie haben jemanden kennen gelernt und möchten gern wissen, was er mag

*«Tu aimes **le sport**?»*

1. le sport
2. la planche à voile
3. faire du ski
4. la mer
5. le soleil
6. aller au café
7. les Allemandes

4. Sie sind heute schlecht gelaunt und mögen überhaupt nichts mehr

*«Je n'aime pas **le camping.**»*

1. le camping
2. la plage
3. le sport
4. le soleil
5. le vin
6. faire de la bicyclette
7. le restaurant

5. Wie sagen Sie es auf Französisch?

1. Ich habe keine Lust.
2. Es kommt darauf an.
3. Es ist gefährlich.
4. Das ist eine gute Idee.
5. Los, gehen wir.

Die Jugend

Viel stärker als in Deutschland wird in Frankreich darauf geachtet, dass die Kinder möglichst die gesamten, über zwei Monate dauernden Sommerferien mit Urlaubsaktivitäten bei Laune gehalten werden. Wer zu dieser Zeit mit dem Zug reist, wird sich wundern, wie viele Gruppen von Kindern mit jugendlichen Betreuern unterwegs sind. Das Angebot an Gruppenfahrten für Kinder ist enorm. Fast jeder dritte Jugendliche in Frankreich macht eine Zusatzausbildung als *moniteur*, um solche Gruppen leiten zu können. Auch Firmen und Betriebskomitees bieten organisierte Aufenthalte für Kinder in *colonies de vacances* oder *centres de vacances* an, die sie speziell zumeist für diese Reisen eingerichtet haben. Musik, Wanderungen, Reiten, Segeln prägen den Urlaub und das soziale Leben.

Familien nehmen oft Freunde ihrer Kinder oder Kinder von Verwandten mit in die Ferien. Für die Kinder, die dennoch einige Zeit zu Hause bleiben, bieten die Städte und Gemeinden spezielle Programme an. Ferien mit Leerlauf darf es für die Kinder in Frankreich nicht geben.

ça fait mal – das tut weh

j'ai mal au ventre	ich habe Bauchweh
j'ai mal à la tête	ich habe Kopfschmerzen
j'ai mal au dos	ich habe Rückenschmerzen
j'ai mal à la gorge	ich habe Halsschmerzen

Befehlsform

Für die Befehlsform wird das konjugierte Verb im Präsens ohne Personalpronomen benutzt.

Prenez de l'aspirine!	Nehmen Sie Aspirin!
Allez tout droit!	Gehen Sie geradeaus!

un hôpital *Krankenhaus*
tout droit *geradeaus*
à gauche *links*
après *nach*
le feu *Ampel, Feuer*
à droite *rechts*
vous avez mal? *haben Sie Schmerzen?*
le mal au ventre *Bauchweh*
le mal à la tête *Kopfschmerzen*
ça fait mal *das tut weh*
l'aspirine *Aspirin*
c'est tout *das ist alles*
ce n'est pas grave *das ist nicht schlimm*
le garage *Autowerkstatt*
loin *weit*
le kilomètre *Kilometer*
le problème *Problem*
la voiture *Auto*
marcher *laufen*
regarder *nachsehen, schauen*
vous pouvez ...? *können Sie ...?*
réparer *reparieren*

44

Zweimal «à»

1. je vais **à la** plage	ich gehe zum Strand
2. je suis **à la** plage	ich bin am Strand
1. je vais **au** camping	ich gehe zum Campingplatz
2. je suis **au** camping	ich bin auf dem Campingplatz
1. je vais **à l'**hôtel	ich gehe zum Hotel
2. je suis **à l'**hôtel	ich bin im Hotel

Bitte beachten: **au = à + le**

Vergangenheitsform

Die Vergangenheitsform ist nicht so schwierig:
Sie wird genauso wie im Deutschen gebildet.

avoir (haben) + Partizip

Verben mit «**er**» am Ende wie mang**er** (essen), parl**er** (sprechen), achet**er** (kaufen), regard**er** (schauen), march**er** (laufen) bilden ihr Partizip einfach mit **é**.

Partizip: mang**é** (gegessen), parl**é** (gesprochen), achet**é** (gekauft), regard**é** (geschaut), march**é** (gelaufen)

j'**ai + mangé** ich habe gegessen
vous **avez + acheté** Sie haben gekauft

être (sein) + Partizip

Die Hälfte der Bewegungsverben werden mit **être** gebildet, zum Beispiel: aller, arriver.

je **suis allé** ich bin gegangen

Kein Problem

Il y a un hôpital ici?	Gibt es hier ein Krankenhaus?
Oui, bien sûr.	*Ja, natürlich.*
Où?	Wo?
Vous allez tout droit.	*Gehen Sie geradeaus.*
Oui.	Ja.
Vous prenez la première rue à gauche.	*Nehmen Sie die erste Straße links.*
Oui.	Ja.
Après le feu, c'est à droite.	*Nach der Ampel ist es rechts.*
Vous avez mal?	Haben Sie Schmerzen?
J'ai mal au ventre.	*Ich habe Bauchweh.*
Vous avez mangé trop de glaces.	Sie haben zu viel Eis gegessen.
Je n'aime pas les glaces.	*Ich mag kein Eis.*
Vous avez mal à la tête?	Haben Sie Kopfschmerzen?
Oui, un peu.	*Ja, ein bisschen.*
Ça fait mal?	Tut das weh?
Un peu.	*Ein bisschen.*
Prenez de l'aspirine.	Nehmen Sie Aspirin.
C'est tout?	*Ist das alles?*
Oui, ce n'est pas grave.	Ja, es ist nicht schlimm.
Pardon Madame.	Entschuldigung.
Oui?	*Ja?*
Il y a un garage ici?	Gibt es hier eine Autowerkstatt?
Oui, c'est tout droit.	*Ja, es ist geradeaus.*
C'est loin?	Ist es weit?
Non, trois kilomètres.	*Nein, drei Kilometer.*
Vous avez un problème?	Haben Sie ein Problem?
Ma voiture ne marche pas bien.	*Mein Wagen läuft nicht richtig.*
Je vais regarder.	Ich werde nachschauen.
C'est grave?	Ist es schlimm?
Non.	*Nein.*
Vous pouvez réparer?	Können Sie es reparieren?
Pas de problème.	*Kein Problem.*
Merci beaucoup.	Vielen Dank.

1. Wie lautet die richtige Antwort?

1. Ça fait mal?
a Un peu.
b Merci beaucoup.

2. Où est l'hôpital?
a C'est tout droit.
b Pas de problème.

3. C'est loin?
a J'ai mal au ventre.
b Dix kilomètres.

2. Was ist richtig, a oder b?

1. C'est ... gauche.
a tout
b à

2. J'ai ... à la tête.
a mal
b problème

3. Vous allez ... droit.
a tout
b un kilomètre

4. Ma voiture ne ... pas.
a fait
b marche

5. ... de l'aspirine.
a mangez
b prenez

3. Sie sind gerade in einem kleinen Dorf angekommen. Sie erkundigen sich, was es alles gibt.

*«Il y a **un hôpital** ici?»*

1. un hôpital
2. un camping
3. un hôtel
4. un garage
5. un café
6. une auberge de jeunesse

4. Jetzt sind Sie schon seit einer Woche im Ort und kennen sich gut aus. Ein Tourist fragt Sie nach dem Weg. Antworten Sie.

*«C'est **tout droit**.»*

1. tout droit
2. à droite
3. loin
4. à gauche
5. après le feu
6. la première rue à droite

Familie

Alter
l'âge
Ehemann
le mari
Familie
la famille
Frau
la femme
Kind
l'enfant
Sohn
le fils
Tochter
la fille
verheiratet
marié

Unterwegs im Auto

Ampel, Feuer
le feu
Autowerkstatt
un garage
geradeaus
tout droit
Kilometer
le kilomètre
links
à gauche
nach
après
rechts
à droite
weit
loin
Wagen
la voiture

Redewendungen

los, gehen wir
on y va
ich habe keine Lust
je n'ai pas envie
es kommt darauf an
ça dépend
das Wetter ist schön
il fait beau
gefällt es Ihnen?
ça vous plaît?
es gefällt mir
ça me plaît
das erste Mal
la première fois
das tut weh
ça fait mal
ich mag nicht
je n'aime pas
eine gute Idee
une bonne idée
das ist nicht schlimm
ce n'est pas grave
das ist alles
c'est tout

Freizeit

Fahrrad
la bicyclette
Meer
la mer
Ski
le ski
Sport
le sport
Strand
la plage
Surfbrett
la planche à voile

Krank sein

Krankenhaus
un hôpital
Aspirin
l'aspirine
haben Sie Schmerzen?
vous avez mal?
Bauchweh
le mal au ventre
Kopfschmerzen
le mal à la tête

Sonstiges

Problem
un problème
man
on
warum
pourquoi
Eis
une glace
sehr, viel
beaucoup
sauber
propre
ich auch
moi aussi
Wind
le vent
gefährlich
dangereux
schön
beau/belle
warm
chaud
gestern
hier

Verben

laufen
marcher
nachsehen, schauen
regarder
können Sie ...?
vous pouvez ...?
reparieren
réparer

Ins Gespräch kommen

Wer durch Frankreich fährt, sollte nicht nur die Städte besuchen, die schöne Landschaft bewundern und das französische *savoir-vivre* genießen, sondern auch im Gespräch erfahren, wie die Einheimischen leben und die Welt sehen. Vielleicht ergibt sich ja sogar ein Sommerflirt. Überall besteht die Möglichkeit, in Kontakt zu kommen: am Strand, in der Kneipe, in der Disco, im Restaurant, in der Métro oder im Park. Bloß der erste Schritt fällt schwer, man weiß nicht so recht, wie man ins Gespräch kommt. Der erste Satz kann entscheidend sein. Die klassischen Eröffnungen – um eine Auskunft oder einen Gefallen bitten, seine Hilfe anbieten oder über das Wetter reden – bleiben aktuell und erfüllen weiterhin ihren Zweck.

Das Wetter

il fait beau	es ist schön
il fait chaud	es ist warm
il fait froid	es ist kalt
il fait lourd	es ist schwül
il fait du vent	es ist windig
il pleut	es regnet

Um einen Gefallen, eine Auskunft bitten

Vous avez du feu?	Haben Sie Feuer?
Vous avez l'heure?	Wissen Sie, wie spät es ist?
C'est libre?	Ist es frei?
Où se trouve ...?	Wo befindet sich ...?
Pouvez-vous ...?	Können Sie ...?

Seine Hilfe anbieten

Vous avez un problème?	Haben Sie ein Problem?
Je peux vous aider?	Kann ich Ihnen helfen?

La drague – die Anmache

Das Anmachen gehört zu den beliebtesten Sportarten, besonders, wenn die Tage heiß werden und die Menschen mehr Zeit draußen verbringen. Überall kann es passieren, dass Frauen, wenn sie allein oder zu zweit unterwegs sind, angepfiffen, angesprochen oder verfolgt werden. Der beste Weg, *dragueurs* (Anmacher) zu entmutigen, ist, ruhig und selbstsicher zu bleiben, die Annäherungsversuche zu ignorieren. Lässt der lästige Anmacher nicht locker, sollte man ihn schroff wegschicken. (Beispiel: Seite 88)

1. Was ist richtig, a, b oder c?

1. Je suis en vacances avec ... mari.
a mon
b notre
c ma

2. Il ... soleil.
a y a
b fait
c est

3. Je fais ... sport.
a du
b de la
c de

4. Tu ... faire de la planche à voile?
a as
b vas
c vais

5. J'ai mal ... tête.
a au
b avec
c à la

6. On va ... restaurant.
a au
b pour
c à l'

2. Fragen Sie auf Französisch

1. Wie alt sind Sie?
2. Gefällt es Ihnen?
3. Ist das Wasser sauber?
4. Ist es schlimm?
5. Warum hast du Kopfschmerzen?
6. Tut es weh?

3. Haben Sie aufgepasst?

1. Die meisten Franzosen verbringen ihre Ferien
a in ihrer Wohnung.
b in Frankreich.
c allein in Berghütten.

2. Die Schulferien beginnen
a zu verschiedenen Zeiten je nach Region.
b wenn die Lehrer keine Lust mehr haben.
c in der zweiten Juli-Woche.

3. Die drei «S» stehen für:
a Sonne, Sand, Sex.
b Stiefkind, Schwester, Säugling.
c Seelsorge, Suppenschüssel, Sonderurlaub.

4. «VTT» bedeutet

a Ganzjahresurlaub.
b Mountainbike.
c Spezialtarif.

5. Die französische Provinz ist im Sommer

a kulturlos wie sonst auch.
b leer gefegt wie eine Geisterstadt.
c Ort für vielfältige kulturelle Aktivitäten.

6. In den kleinen Flüssen

a verenden Forellen und Lachse allesamt.
b werden wieder Forellen und Lachse gefangen.
c kann man lange nach Forellen und Lachsen suchen.

7. «Pétanque» ist eine Sportart

a der politisch Konservativen.
b der nordfranzösischen Stahlarbeiter.
c in der sogar nationale Wettbewerbe abgehalten werden.

8. «Colonies de vacances» sind

a Formen des Freizeit-Kolonialismus.
b Orte der Sommerfrische für Minderjährige.
c vakante, das heißt befreite Kolonien.

4. *Welcher Satz ist richtig?*

1. **a** Il fait beau aujourd'hui.
   b Il est belle aujourd'hui.
2. **a** C'est une bonne idée.
   b C'est un bon idée.
3. **a** On va manger au restaurant.
   b On va manger à la restaurant.
4. **a** Vous avez une problème.
   b Vous avez un problème.

Kurzgrammatik

Fragewörter		
où	wo	**où est la gare?** wo ist der Bahnhof?
	wohin	**où tu vas?** wo gehst du hin?
comment	wie	**comment vous vous appelez?** wie heißen Sie?
qu'est-ce que	was	**qu'est-ce que c'est?** was ist das?
pourquoi	warum	**pourquoi tu aimes la France?** warum magst du Frankreich?
combien	wie viel	**combien ça coûte?** wie viel kostet das?
quel	welcher	**quel journal vous désirez?** welche Zeitung wünschen Sie?
quelle	welche	**quelle couleur vous désirez?** welche Farbe möchten Sie?

Der bestimmte Artikel		
	männlich	*weiblich*
Einzahl	**le** Français l'ami	**la** Française l'amie
Mehrzahl	**les** Français	**les** Françaises

«**l'**» steht vor Wörtern, die mit einem Vokal anfangen. **«h»** zählt zu den Vokalen. *Achtung:* die Artikel wollen mitgelernt werden. Was auf Deutsch männlich oder weiblich ist, ist es auf Französisch noch lange nicht:

die Sonne – **le** soleil — **der** Tisch – **la** table
die Zeitung – **le** journal — **der** Strand – **la** plage

Faustregel: Wörter auf **-ion**, **-té** und die meisten auf **-e** sind weiblich. Wörter auf -**isme** und **-ment** sind männlich.

Plural

un Allemand	**des** Allemand**s**
une Allemande	**des** Allemande**s**

Wörter kriegen in der Mehrzahl ein **«s»** dazu.
Es gibt allerdings ein paar Ausnahmen:

un journal	**des** journ**aux**
eine Zeitung	Zeitungen
un hôpital	**des** hôpit**aux**
ein Krankenhaus	Krankenhäuser

Artikel und Adjektiv

le grand lit	**les** grand**s** hôtels
das große Bett	die großen Hotels
la grand**e** plage	**les** grand**es** villes
der große Strand	die großen Städte

Faustregel: **«e»** ist das Merkmal der weiblichen Form, **«s»** der Mehrzahl.

Adjektive, die auf **-e** enden, bleiben gleich in der weiblichen und männlichen Form:

un camping propr**e**	**une** plage propr**e**

Sonderfall:

le beau restaurant	**les beaux** restaurants
le bel hôtel	**les beaux** hôtels
la belle plage	**les belles** plages

Verben

Stammform und Endungen

Einzahl:

Verben auf	**-er**	auf **-dre**	andere Verben
je	**-e**	**-ds**	**-s**
tu	**-es**	**-ds**	**-s**
il/elle	**-e**	**-d**	**-t**

Mehrzahl:

nous	**-ons**
vous	**-ez**
ils/elles	**-ent**

Die Mehrheit der Verben enden auf **-er** und sind regelmäßig (außer **aller** – gehen).

travaill**er** – arbeiten

je travaill**e**	**nous** travaill**ons**
tu travaill**es**	**vous** travaill**ez**
il travaill**e**	**ils** travaill**ent**

Merke: Die dritte Person Singular und die dritte Person Plural werden gleich gesprochen.

Die wichtigsten unregelmäßigen Verben

avoir – haben		***pouvoir*** – können, dürfen	
j'ai	nous avons	je peux	nous pouvons
tu as	vous avez	tu peux	vous pouvez
il a	ils ont	il peut	ils peuvent

être – sein		***vouloir*** – wollen	
je suis	nous sommes	je veux	nous voulons
tu es	vous êtes	tu veux	vous voulez
il est	ils sont	il veut	ils veulent

faire – machen		***savoir*** – wissen	
je fais	nous faisons	je sais	nous savons
tu fais	vous faites	tu sais	vous savez
il fait	ils font	il sait	ils savent

aller – gehen, fahren		***prendre*** – nehmen	
je vais	nous allons	je prends	nous prenons
tu vas	vous allez	tu prends	vous prenez
il va	ils vont	il prend	ils prennent

venir – kommen	
je viens	nous venons
tu viens	vous venez
il vient	ils viennent

partir – weggehen, abfahren	
je pars	nous partons
tu pars	vous partez
il part	ils partent

boire – trinken	
je bois	nous buvons
tu bois	vous buvez
il boit	ils boivent

comprendre – verstehen
sortir – ausgehen
dormir – schlafen

genauso …

attendre – warten	
j'attends	nous attendons
tu attends	vous attendez
il attend	ils attendent

descendre – runtergehen, aussteigen

genauso …

Vergangenheit

Die einfachste Form der Vergangenheit ist das Perfekt:
Hilfsverb **avoir** oder **être** plus **Partizip Perfekt:**

j'ai mangé	ich habe gegessen
je suis allé	ich bin gegangen

Die ersten Verben, die eine Bewegung oder einen Zustand ausdrücken, sowie alle Reflexiv-Verben werden im Perfekt mit **être** konjugiert.

Partizipien

Verben auf **-er: -é**

j'ai travaill**é**	*gearbeitet*
je suis all**é**	*gegangen*

Verben auf **-ir: -i**

j'ai dorm**i**	*geschlafen*
je suis part**i**	*weggegangen, abgefahren*

Verben auf **-oir, -oire, -ire: -u**

j'ai b**u**	*getrunken*

Verben auf **-dre: -du**

j'ai attend**u**	*gewartet*
je suis descend**u**	*runtergegangen, ausgestiegen*

Verben auf **-tre, -dre: -is**

j'ai pr**is**	*genommen*

Kleine Liste abartiger Partizipien

avoir	j'ai **eu**	gehabt
être	j'ai **été**	gewesen
faire	j'ai **fait**	gemacht
ouvrir	j'ai **ouvert**	geöffnet

Zukunft

Die einfachste Form wird mit dem Verb **aller** + **Infinitiv** gebildet:
je **vais arriver** demain *ich werde morgen ankommen*

Präpositionen

à

à Paris	nach, in Paris
à dix heures	um zehn Uhr
à la plage	am Strand

en

en France	nach, in Frankreich
en car	mit dem Bus
en été	im Sommer

pour

pour deux personnes	für zwei Personen
pour Marseille	nach Marseille

Schlüssel

Üben 1

① **1.** b **2.** a **3.** a **4.** a **5.** b

② **1.** bonjour **2.** salut **3.** ça va? **4.** pas mal **5.** à bientôt **6.** merci beaucoup

③ **1.** beaucoup **2.** pas mal

④ **1.** b **2.** c **3.** a

⑤ **1.** salut **2.** bonjour Mademoiselle **3.** merci beaucoup **4.** Bonsoir! **5.** Ça va?

Üben 2

① **1.** a **2.** b **3.** b

② Das schaffen Sie allein.

③ **1.** c **2.** d **3.** e **4.** a **5.** b

④ **1.** dans **2.** appelle **3.** suis **4.** es **5.** tu **6.** nom

Üben 3

① **1.** le nom **2.** le passeport **3.** la ville **4.** le nom de la rue **5.** la carte de crédit **6.** le code secret **7.** le numéro de téléphone **8.** Madame Durand

② **1.** die Telefonnummer **2.** die Passnummer **3.** die Kreditkarte **4.** die Hausnummer **5.** der Name der Stadt

③ 2–5–1–9–8–10–3–6–0–4–7

④ **1.** six **2.** neuf **3.** un **4.** dix **5.** cinq **6.** quatre **7.** dix **8.** trois **9.** deux

⑤ **1.** zéro-six-neuf-quatre-neuf-trois-zéro-cinq-deux **2.** zéro-quatre-zéro-sept-deux-six-neuf-six-huit **3.** zéro-trois-zéro-cinq-zéro-sept-huit-trois

4. zéro-zéro-quatre-neuf-six-un-sept-deux-huit-trois-neuf-quatre-cinq
5. zéro-zéro-trois-trois-sept-cinq-trois-six-neuf-zéro-huit-un

⑥ **1.** Où vous habitez? **2.** Où vous travaillez? **3.** Vous vous appelez Christine?

Prüfstand 1–3

① **1.** c **2.** b **3.** a **4.** c **5.** c

② **1.** Je suis Français. **2.** Je travaille aussi. **3.** Je m'appelle Brigitte.
4. Tu es étudiant? **5.** Tu es en vacances? **6.** Je suis avec un ami.
7. Mon nom est François.

③ **1.** zéro-zéro-trois-trois **2.** zéro-zéro-quatre-neuf **3.** dix
4. deux (hoffentlich) **5.** six **6.** quatre **7.** dix

④ **1.** b **2.** b **3.** c **4.** a **5.** c **6.** a

Üben 4

① **2.** Vous avez une chambre avec douche ... und einfach weiter.

② **2.** Combien coûte une chambre avec douche? ... und immer weiter.

③ **1.** a **2.** a **3.** b **4.** a **5.** b

④ **1.** b **2.** a **3.** e **4.** c **5.** d

⑤ **1.** trente **2.** vingt-deux **3.** soixante **4.** cinquante-cinq **5.** quarante
6. trente-sept **7.** vingt-neuf **8.** vingt

⑥ **1.** 22 **2.** 36 **3.** 30 **4.** 45 **5.** 57

Üben 5

① **1.** d **2.** e **3.** b **4.** a **5.** c

② **1.** b **2.** a **3.** b **4.** a **5.** b

③ **1.** je voudrais une chambre **2.** je voudrais un billet pour Bordeaux
3. je voudrais un café **4.** je voudrais un billet en première **4.** je voudrais un taxi pour la gare

④ **1.** À la gare, s'il vous plaît. **2.** Je voudrais un billet pour Lyon.
3. C'est occupé? **4.** À quelle heure part le train? **5.** À trois heures.
6. C'est libre. **7.** Quai cinq. **8.** Je vais à Lyon.

Üben 6

① **1.** deux heures **2.** midi **3.** quatre heures dix **4.** deux heures et demie **5.** dix heures moins le quart **6.** minuit

② **1.** camping **2.** train **3.** salle de bains **4.** arrêt

③ **1.** des **2.** une **3.** un **4.** un **5.** des **6.** un **7.** un

④ **1.** Je ne sais pas. **2.** Il y a un camping? **3.** C'est plein. **4.** Il y a une auberge de jeunesse. **5.** À quelle heure part l'avion pour Bordeaux? **6.** À quelle heure arrive le car? **7.** C'est ouvert. **8.** C'est fermé.

⑤ **1. a.** À quelle heure part le train pour Lyon? **b.** À quelle heure part le car pour Dijon? **c.** À quelle heure part l'avion pour Paris? **d.** À quelle heure part le métro pour Roissy-Charles de Gaulle?

2. a. À quelle heure arrive le TGV de Rennes? **b.** À quelle heure arrive le train de Bordeaux? **c.** À quelle heure arrive l'avion de Montpellier? **d.** À quelle heure arrive le car d'Avignon?

⑥ **1.** Je ne sais pas. **2.** Je ne mange pas. **3.** Je ne suis pas Français. **4.** Il n'arrive pas. **5.** Il ne part pas. **6.** Je ne regarde pas. **7.** Je ne travaille pas.

Prüfstand 4–6

① **1.** b **2.** c **3.** a **4.** b **5.** b **6.** b **7.** c **8.** b

② **1.** Ich möchte eine Fahrkarte nach Lyon. **2.** Haben Sie ein Zimmer frei? **3.** Gibt es einen Campingplatz hier? **4.** Wie viel kostet das? **5.** Für wie viel Personen? **6.** Um wie viel Uhr fährt der Zug ab? **7.** Hier ist der Schlüssel. **8.** Ich weiß nicht. **9.** Das ist reserviert.

③ **1.** a **2.** b **3.** b **4.** b **5.** b **6.** a

④ **1.** c **2.** a **3.** d **4.** b **5.** e

⑤ **1.** Je voudrais une chambre avec douche et WC. **2.** Je voudrais deux billets pour Brest. **3.** Il y a un camping ici? **4.** C'est occupé? **5.** Combien coûte une chambre avec petit déjeuner? **6.** Quand arrive le car d'Avignon?

Üben 7

① **1.** b **2.** b **3.** a **4.** a

② Das ist doch nicht so schwierig, oder?

③ **1.** un thé **2.** du pain avec du beurre **3.** deux croissants **4.** un café noir **5.** un grand café au lait

④ **1.** quatre-vingt-neuf **2.** cent dix-sept **3.** soixante-dix-huit **4.** quatre-vingt-douze **5.** deux cent soixante et un **6.** cent quarante-cinq

⑤ **1.** croissant **2.** cendrier **3.** cendrier

Üben 8

① Haben Sie es geschafft?

② Das auch?

③ **1.** cinquante **2.** trente-huit **3.** cinquante-neuf **4.** cinquante-huit **5.** quatre-vingt-quinze

④ **1.** thé **2.** café **3.** glaçon **4.** eau minérale **5.** bière

⑤ **1.** j'arrive **2.** un moment/un instant **3.** tout de suite **4.** je regrette **5.** Combien ça fait? **6.** Vous désirez?

Üben 9

① **1.** a **2.** a **3.** b

② **1.** c **2.** d **3.** e **4.** a **5.** b

③ Klappt es? Hilfe für 2: quatre-vingt Francs

④ Es klappt auch ohne Lösung, oder? Bravo!

Prüfstand 7–9

① **1.** trois cent quarante-sept **2.** sept cent quatre-vingt-dix-neuf **3.** deux cent quinze **4.** cent quatre-vingt-six **5.** huit cent soixante-treize **6.** mille quatre cents

② **1.** fromage **2.** s'il vous plaît **3.** vin **4.** pastis **5.** addition

③ **1.** b **2.** c **3.** a **4.** c **5.** c **6.** c

④ **1.** b **2.** a **3.** a **4.** c **5.** b **6.** b **7.** a **8.** b **9.** a

⑤ **1.** un verre d'eau **2.** un demi **3.** une table pour dix personnes **4.** de la viande avec des légumes **5.** un peu de sucre **6.** quelque chose à manger **7.** Combien ça fait?

Üben 10

① **1.** Je voudrais une baguette **2.** Je voudrais du pain complet **3.** Je voudrais un petit pain **4.** Je voudrais une flûte **5.** Je voudrais du pain de seigle **6.** Je voudrais une ficelle **7.** Je voudrais six croissants.

② **1.** a **2.** c **3.** b **4.** b

③ **1.** de l'huile **2.** du vinaigre **3.** du sel **4.** du poivre **5.** de la moutarde **6.** de l'ail

④ **1.** b **2.** b **3.** a **4.** b **5.** a

⑤ **1.** Je n'ai pas de moutarde **2.** Je n'ai pas d'huile **3.** Je n'ai pas de vinaigre **4.** Je n'ai pas de tomates **5.** Je n'ai pas de petits pains au chocolat **6.** Je n'ai pas de pain complet **7.** Je n'ai pas d'ail **8.** Je n'ai pas de croissants **9.** Je n'ai pas de melon.

Üben 11

① **1.** Ça, c'est de l'ail **2.** Ça, c'est des tomates **3.** Ça, c'est de l'huile d'olives **4.** Ça, c'est du melon **5.** Ça, c'est de la moutarde **6.** Ça, c'est des moules **7.** Ça, c'est rien.

② **1.** Où se trouve le rayon vêtements? **2.** Où se trouvent les cigarettes? **3.** Où se trouve le pain? **4.** Où se trouve le fromage? **5.** Où se trouve la viande? **6.** Où se trouvent les légumes? **7.** Où se trouvent les œufs?

③ Hier können wir nicht helfen!

④ **1.** C'est trop cher **2.** C'est trop grand **3.** C'est trop petit **4.** C'est trop **5.** C'est trop bon **6.** C'est trop rouge.

⑤ **1.** Kann ich anprobieren? **2.** Welche Größe? **3.** Ein Stück Kabeljau bitte. **4.** Ich möchte Miesmuscheln. **5.** Einen Liter Milch. **6.** Die Parfumabteilung.

⑥ **1.** f **2.** g **3.** d **4.** a **5.** i **6.** b **7.** h **8.** c **9.** e

Üben 12

① **1.** e **2.** d **3.** b **4.** a **5.** c

② **1.** le **2.** le **3.** le **4.** la **5.** le **6.** la **7.** la **8.** le

③ **1.** b **2.** b **3.** a

④ **1.** e **2.** a **3.** b **4.** f **5.** c **6.** d **7.** g

⑤ **1.** le pain **2.** le poisson **3.** Et avec ça? **4.** C'est trop cher! **5.** un briquet **6.** étranger **7.** Qu'est-ce que c'est?

Prüfstand 10–12

① **1.** b **2.** c **3.** c **4.** c **5.** b **6.** a

② **1.** poisson **2.** journal **3.** chercher **4.** crème fraîche **5.** carte postale **6.** quel

③ **1.** la jupe **2.** le timbre poste **3.** trop cher **4.** pain complet **5.** les moules

④ **1.** b **2.** c **3.** c **4.** a **5.** c **6.** a

⑤ **1.** b **2.** a **3.** a **4.** b

Üben 13

① **1.** a **2.** b **3.** a

② **1.** Ça vous plaît, le camping? **2.** Ça vous plaît, la plage ? **3.** Ça vous plaît, la mer ? **4.** Ça vous plaît ici? **5.** Ça vous plaît, la ville? **6.** Ça vous plaît, la France? **7.** Ça vous plaît, l'hôtel?

③ **1.** Vous êtes en vacances? **2.** Vous êtes avec des amis? **3.** Vous êtes seul? **4.** Vous êtes marié? **5.** Vous êtes au camping? **6.** Vous êtes à l'hôtel? **7.** Vous êtes ici pour la première fois? **8.** Vous êtes Français?

④ **1.** La plage est belle **2.** La mer est chaude **3.** Votre fille est jolie **4.** Mon mari est beau **5.** L'eau est froide. **6.** Le camping est propre.

⑤ **1.** Il fait trop chaud **2.** Ça me plaît **3.** C'est la première fois **4.** Tu as quel âge?

Üben 14

① **1.** a **2.** a **3.** a **4.** a **5.** a

② **1.** J'aime la glace **2.** J'aime la mer **3.** J'aime les vacances **4.** J'aime la plage **5.** J'aime faire du sport **6.** J'aime la France **7.** J'aime les enfants **8.** J'aime le soleil **9.** J'aime la bière.

③ **1.** Tu aimes le sport? **2.** Tu aimes la planche à voile? **3.** Tu aimes faire du ski? **4.** Tu aimes la mer? **5.** Tu aimes le soleil? **6.** Tu aimes aller au café? **7.** Tu aimes les Allemandes?

④ **1.** Je n'aime pas le camping **2.** Je n'aime pas la plage **3.** Je n'aime pas le sport **4.** Je n'aime pas le soleil **5.** Je n'aime pas le vin **6.** Je n'aime pas faire de la bicyclette **7.** Je n'aime pas le restaurant.

⑤ **1.** Je n'ai pas envie **2.** Ça dépend **3.** C'est dangereux **4.** C'est une bonne idée **5.** Allez, on y va!

Üben 15

① **1.** a **2.** a **3.** b

② **1.** a **2.** a **3.** a **4.** b **5.** b

③ **1.** Il y a un hôpital ici? **2.** Il y a un camping ici? **3.** Il y a un hôtel ici? **4.** Il y a un garage ici? **5.** Il y a un café ici? **6.** Il y a une auberge de jeunesse ici?

④ **1.** C'est tout droit **2.** C'est à droite **3.** C'est loin **4.** C'est à gauche **5.** C'est après le feu **6.** C'est la première rue à droite.

Prüfstand 13–15

① **1.** a **2.** b **3.** a **4.** b **5.** c **6.** a

② **1.** Vous avez quel âge? **2.** Ça vous plaît? **3.** L'eau est propre? **4.** C'est grave? **5.** Pourquoi tu as mal à la tête? **6.** Ça fait mal?

③ **1.** b **2.** c **3.** a **4.** b **5.** c **6.** b **7.** c **8.** b

④ **1.** a **2.** a **3.** a **4.** b

Wörterbuch

Dieses Wörterbuch beinhaltet rund 2000 französische Wörter und Wendungen. Es gilt zu beachten:

Stark umgangssprachliche Wendungen sind mit einem <> gekennzeichnet.

Männliche Hauptwörter sind mit **(m)**, weibliche mit **(f)**, Hauptwörter in der Mehrzahl mit **(pl)** gekennzeichnet.

Die Zahlen geben an, auf welcher Seite die im Buch vorkommenden Wörter eingeführt werden.

Französisch – Deutsch

A

à *zu, in, nach*
à bientôt *bis bald* **17**
à cause *wegen*
à côté de *neben*
à demain *bis morgen* **17**
à droite *rechts*
à gauche *links*
à part *außerdem, außer*
à quelle heure? *um wie viel Uhr?* **39**
abandonner *verlassen*
abonnement (m) *Abonnement*
abricot (m) *Aprikose*
absent *abwesend*
absolument *unbedingt*
absolument pas *überhaupt nicht*
accélération (f) *Beschleunigung*
accélérer *beschleunigen*
accent (m) *Akzent*
accepter *akzeptieren*
accident (m) *Unfall*
accord, se mettre d'- *sich einigen*
accrocher *aufhängen*
achat (m) *Einkaufen*
acheter *kaufen* **75**
acide *sauer*
acteur (m) *Schauspieler*
action (f) *Handlung*
actuel *aktuell*
actuellement *zurzeit*
addition (f) *Rechnung* **61**
adjectif (m) *Adjektiv*
administration (f) *Verwaltung*
adolescent, -e *Jugendlicher*
adorer *wahnsinnig mögen*
adresse (f) *Anschrift*
aéroport (m) *Flughafen*
affaire (f) *Geschäft*
affreux, -se *fürchterlich*
agacer *auf den Wecker gehen*
âge (m) *Alter* **89**
agence (f) *Agentur*
agenda (m) *Notizbuch, Kalender*
agent (m) *Agent, Beauftragter*
agir *handeln*
agir, s'- de *sich handeln um*
agneau (m) *Lamm*
agréable *angenehm*
aide (f) *Hilfe*
aider *helfen*
ail (m) *Knoblauch* **71**
ailleurs *woanders*
aimer *mögen, lieben* **93**

air (m) *Luft*
air, avoir l'- *aussehen*
air, avoir l'- malin *dumm dastehen*
air, en plein - *unter freiem Himmel*
aise, se mettre à l'- *es sich bequem machen*
ajouter *hinzufügen*
alcool (m) *Alkohol*
allée (f) *Allee*
Allemagne (f) *Deutschland* **21**
Allemand, -e *Deutscher* **21**
aller *gehen, fahren*
aller et retour (m) *hin und zurück (Rückfahrkarte)* **39**
aller, s'en - *weggehen*
aller simple (m) *einfach (nur hin)*
allô *hallo (am Telefon)*
allumer *anzünden*
allumettes (f/pl) *Streichhölzer* **79**
alors *dann, also* **43**
alpinisme (m) *Bergsteigen*
amabilité (f) *Freundlichkeit*
amant (m) *Liebhaber*
ambassade (f) *Botschaft*
ambiance (f) *Stimmung*
âme (f) *Seele*
améliorer, s'- *sich verbessern*
amener *mitbringen*
américain, -e *amerikanisch*
Américain, -e *US-Amerikaner, -in*
Amérique (f) *Amerika*
Amérique latine (f) *Lateinamerika*
ami, -e *Freund, -in* **21**
amitié (f) *Freundschaft*
amoureux, -se *verliebt*
ampoule (f) *Glühbirne*
amuser, s'- *sich unterhalten, sich amüsieren*
an (m) *Jahr*
ananas (m) *Ananas*
ancien *alt*
anesthésie (f) *Narkose*
Anglais, -e *Engländer, -in*
angoisse (f) *Angst*
année (f) *Jahr*
anniversaire (m) *Geburtstag*
annonce (f) *Anzeige*
antiquités (f/pl) *Antiquitäten*
août *August*
apéro (m) *Aperitif*
appareil (m) *Apparat*
appartement (m) *Wohnung*
appareil-photo (m) *Fotoapparat*
appartenir à *dazugehören*
appeler *rufen, anrufen*
appeller, s'- *heißen* **21**
appendicite (f) *Blinddarmentzündung*
appétit (m) *Appetit*
apporter *mitbringen, bringen*
apprendre *lernen*
approuver *bejahen*
après *nach, danach* **97**, **- ça** *daraufhin*
après-midi (f) *Nachmittag*
Arabe (f/m) *Araber*
arabe *arabisch*
arbre (m) *Baum*
architecte (f/m) *Architekt*
argent (m) *Geld*
Argentine (f) *Argentinien*
argument (m) *Argument*
armée (f) *Armee*
armoire (f) *Schrank*
arracher *herausziehen*
arranger *arrangieren*
arrêt (m) *Haltestelle* **43**
arrêter *anhalten, verhaften*
arrêter de *aufhören zu*
arrivée (f) *Ankunft*
arriver *ankommen* **43**, *kommen* **53**
arriver à *es schaffen*
arrogant *arrogant*
art (m) *Kunst*
artichaut (m) *Artischocke*
article (m) *Artikel*
artisan (m) *Handwerker*
ascenseur (m) *Fahrstuhl* **35**
asperge (f) *Spargel*
aspirateur (m) *Staubsauger*
aspirine (f) *Aspirin* **97**
assez *genug*
assiette (f) *Teller*
association (f) *Verein*
assurance (f) *Versicherung*
assurer *versichern*
atelier de réparations (m) *Reparaturwerkstatt*
atmosphère (f) *Atmosphäre*
atome (f) *Atom*
attaque d'apoplexie (f) *Schlaganfall*
atteindre *erreichen*
attendre *warten*
attentif *aufmerksam*
attention *Achtung*
attention, faire - *sich in Acht nehmen, aufpassen*
atterrissage (m) *Landung*
attraper *fangen*
auberge (f) *Gasthof*
auberge de jeunesse (f) *Jugendherberge* **43**
aubergine (f) *Aubergine*
au moins *mindestens*
au revoir *auf Wiedersehen* **17**

au-dessus *oberhalb*
aucun, -e *kein/-e*
aucune idée (f) *keine Ahnung*
augmenter *steigern*
aujourd'hui *heute* **43**
aussi *auch* **21**
autant *genauso viel*
auteur (m) *Autor*
automatique *automatisch*
automne (m) *Herbst*
autoriser *erlauben*
autoroute (f) *Autobahn*
autre *anderer*
autre chose *etwas anderes*
autrefois *früher*
autrement *anders*
autre part *woanders*
Autriche (f) *Österreich*
Autrichien, -ne *Österreicher, -in*
autrichien, -ne *österreichisch*
avance, en - *zu früh*
avant *davor*
avec *mit* **21**
avec qui *mit wem*
avenir (m) *Zukunft*
aventure (f) *Abenteuer*
aveugle *blind*
avion (m) *Flugzeug* **43**
avis (m) *Meinung*
avocat (m) *Rechtsanwalt*
avoir *haben*
avoir assez *ausreichen*
avoir besoin *brauchen*
avril *April*

B

bac, baccalauréat (m) *Abitur*
bagages (m/pl) *Gepäck* **35**
bagnole (f) <> *Karre, Auto*
baguette (f) *Stangenbrot* **71**
baie (f) *Bucht*
bain (m) *Bad*
baiser <> *bumsen*
baisse, en - *fallend*
bal (m) *Tanz*
balader, se - *spazieren gehen*
balcon (m) *Balkon*
banque (f) *Bank*
barbe (f) *Bart*
bas (m) *Strumpf*
bateau (m) *Schiff*
battement de cœur (m) *Herzklopfen*
batterie, pile (f) *Batterie*
bavard, -e *geschwätzig*
bavarder *schwätzen*
beau, belle *schön* **89**
beaucoup *viel* **17**
beauf <>, beau-frère (m) *Schwager*
beauté (f) *Schönheit*
beige *beige*
Belge (m/f) *Belgier*
Belgique (f) *Belgien*
belle-sœur (f) *Schwägerin*
beurre (m) *Butter* **53**
bicyclette (f) *Fahrrad* **93**
bicyclette, faire de la - *Rad fahren*
bien *gut* **79**
bien que *obwohl*
bien sûr *natürlich* **79**
bientôt *bald* **17**
bière (f) *Bier* **57**
billet (m) *Fahrkarte, Eintritts-, Geldschein* **39**
bisou (m) *Kuss*
blanc, blanche *weiß*
bleu *blau*
bloc (m) *Block*
blond *blond*
boire *trinken* **57**
bois (m) *Holz*
boisson (f) *Getränk* **61**
boîte (f) <> *Firma, Disko, Dose*
boîte aux lettres (f) *Briefkasten* **79**
boîte de vitesses (f) *Getriebe*
boîte, mettre en - *necken*
bon appétit *guten Appetit*
bon, bonne *gut* **71**
bonheur (m), chance (f) *Glück*
bonjour *guten Tag* **17**
bon marché *billig*
bonne après-midi *guten Nachmittag* **17**
bonne idée (f) *gute Idee* **93**
bonne nuit (f) *gute Nacht* **17**
bonnet (m) *Mütze*
bonsoir *guten Abend* **17**
bord (m), rive (f) *Bord, Rand, Ufer*
bosser <> *arbeiten*
botte (f) *Stiefel*
bouffe (f) <> *Essen*
bouger *bewegen*
bougie (f) *Kerze, Zündkerze*
boulangerie (f) *Bäckerei*
boulot <> (m) *Arbeit*
bouquin <> (m) *Buch*
bourse (f) *Börse*
bout (m) *Ende*
bouteille (f) *Flasche* **57**
bouton (m) *Knopf*
branche (f) *Ast*
brasserie (f) *Kneipen-Restaurant*
breton, -ne *bretonisch*
bricoler *basteln*
briquet (m) *Feuerzeug* **79**
bronzer *braun werden*
brosser, se - les dents *sich die Zähne putzen*
brouillard (m) *Nebel*
bruit (m) *Krach, Lärm*
brûlé *angebrannt*
brut *brut, sehr trocken*

bruyant *laut*
bureau (m) *Amt, Büro* **21**
bus (m) *Bus*
but (m) *Ziel*

C

ça *das*
ça alors! *so was!*
ça dépend *es kommt darauf an*
ça fait mal *das tut weh* **97**
ça fait ... que *es ist ... her, dass*
ça me plaît *es gefällt mir* **89**
ça roule <> *es läuft gut*
ça va *es geht* **17**
ça veut dire *das bedeutet*
ça vous plaît? *gefällt es Ihnen?*
cabaret (m) *Nachtclub*
cabillaud (m) *Kabeljau* **75**
cabine (f) *Kabine*
cachet (m) *Tablette*
cadeau (m) *Geschenk*
cadre (m) *leitender Angestellter*
café (m) *Kaffee* **53**
café (m)/cafétéria (f) *Café/Cafeteria*
café crème (m) *Milchkaffee* **53**
cahier (m) *Heft*
caisse (f) *Kasse*
câlins, faire des - *schmusen*
calme *ruhig*
calmer *beruhigen*
campagne (f) *das Land*
camping (m) *Campingplatz* **43**
canal (m) *Kanal*
capable *fähig*
capitale (f) *Hauptstadt*
car (m) *Bus* **43**
carafe (f) *Karaffe* **61**
caravane (f) *Wohnwagen*
caresser *streicheln*
carrefour (m) *Kreuzung*
carrément *wirklich*
carrière (f) *Karriere*
carte (f) *Speisekarte* **61**, **- de crédit (f)** *Kreditkarte* **25**, **- de la région (f)** *Landkarte* **79**, **- des vins (f)** *Weinkarte* **61**, **- postale (f)** *Postkarte* **61**
carte d'identité (f) *Personalausweis*
cas (m) *Fall*
cas, en tout *auf jeden Fall*
casse-pied (m) *Nervensäge*
casser, se - <> *abhauen*
cassette (f) *Kassette*
cathédrale (f) *Dom*
cauchemar (m) *Alptraum*
cause (f) *Ursache*
cause, à - de *wegen*
ceci *dies hier*
ceinture (f) *Gürtel*
ceinture de sécurité (f) *Sicherheitsgurt*
célèbre *berühmt*
célibataire *ledig*
cendrier (m) *Aschenbecher* **53**
centimètre (m) *Zentimeter*
centre (m) *Zentrum*, **en plein -** *mitten im Zentrum*
centre-ville (m) *Stadtzentrum*
cerise (f) *Kirsche*
certain, -e *gewiss, sicher*, **-s/-es** *manche*
certainement *bestimmt*
cerveau (m) *Gehirn*
cesse, sans - *ununterbrochen*
c'est *das ist* **25**
c'est-à-dire *das heißt*
c'est tout *das ist alles* **97**
chaîne (f) *Stereoanlage*
chais pas <> *ich weiß nicht*
chaleur (f) *Hitze*
chambre (f) *Zimmer* **35**
chambre d'hôte (f) *Fremdenzimmer*
chambre double (f) *Doppelzimmer*
chambre individuelle (f) *Einzelzimmer*
Champagne (m) *Champagner*
champignon (m) *Pilz*
chance (f) *Chance, Gelegenheit*
change (m) *Wechsel*
changer *sich verändern, ändern, wechseln, abwechseln*
chanter *singen*
chantier (m) *Baustelle*
chapeau (m) *Hut*
chaque *jeder*
charcutier (m) *Metzger*
charger *laden*
chat (m) *Katze*
châtaignier (m) *Kastanienbaum*
château (m) *Schloss*
chaud, -e *warm* **89**
chauffage (m) *Heizung*
chauffeur (m) *Fahrer*
chaussure (f) *Schuhe*
chemin de fer (m) *Eisenbahn*
cheminée (f) *Kamin*
chemise (f) *Hemd*
chemisier (m) *Bluse*
cher, chère *teuer* **35**, *liebe/-r*
chercher *suchen* **75**
chercher, aller - *abholen*
chéri, -e *Liebling*
cheval (m) *Pferd*
cheville (f) *Knöchel*

chèvre (f) *Ziege*
chez *bei*
chien (m) *Hund*
Chili (m) *Chile*
chocolat (m) *Schokolade*
choisir *auswählen, aussuchen*
chômage, -euse *Arbeitslosigkeit*
chômage, être au - *arbeitslos sein*
chômeur, -euse *Arbeitsloser*
chose (f) *Sache*
chouette *dufte*
cidre (m) *Cidre, prickelnder Apfelwein*
ciel (m) *Himmel*
cimetière (m) *Friedhof*
ciné (m) <> *Kino*
circulation (f) *Verkehr*
ciseaux (m/pl) *Schere*
citron (m) *Zitrone*
clair *hell*
clavicule (f) *Schlüsselbein*
clé (f) *Schlüssel* **35**
client, -e *Kunde/-in*
climatisation (f) *Klimaanlage*
cochon (m) *Schwein*
code secret (m) *Geheimzahl* **25**
coeur (m) *Herz*
coiffeur, -euse *Friseur/-in*
coin (m) *Ecke, Umgebung*
colère, se mettre en - *in Zorn geraten*
collants (m/pl) *Strumpfhose*
collègue (m, f) *Kollege*
coller *kleben*
collier (m) *Kette*
combien *wie viel*
combien ça fait? *wie viel macht es?*
combien coûte *wie viel kostet* **35**
combien de *wie viele* **35**
comique *komisch*
commande (f) *Bestellung*
commander *bestellen*
comme *als, wie*
commencer *anfangen, beginnen*
comment *wie*
comment tu t'appelles? *wie heißt du?* **21**
commode *bequem*
commun *gemeinsam*
commune (f) *Gemeinde*
communication (f) *Kommunikation*
communication interurbaine (f) *Ferngespräch*
compact (m) *CD*
compartiment (m) *Abteil*
complet, complète *voll*
complètement *vollkommen, völlig*
compliqué *kompliziert*
comportement (m) *Verhalten*
composter *entwerten*
comprendre *verstehen*
compris *inbegriffen, verstanden*
compromis (m) *Kompromiss*
compte (m) *Konto, Rechnung*
compter *zählen*
comptoir (m) *Theke*
con <!> *Arschloch*
con, prendre pour un - <> *für dumm verkaufen*
concours (m) *Wettbewerb*
concombre (m) *Gurke*
condition (f) *Bedingung*
conduire *führen*
conférence (f) *Vortrag*
confirmer *bestätigen*
confiture (f) *Marmelade* **53**
confondre *verwechseln*
congélateur (m) *Tiefkühltruhe*
connaissance, faire - *kennen lernen*
connaître *kennen, - lernen*
connerie (f) <> *Blödsinn*
conscience (f) *Bewusstsein*
conseil (m) *Ratschlag*
conserver *aufbewahren*
considérer *berücksichtigen*
consigne (f) *Gepäckaufbewahrung*
consoler *trösten*
consommation (f) *Verbrauch,* **- d'essence** *Benzinverbrauch*
consommer *verbrauchen*
constipation (f) *Verstopfung*
construire *bauen*
consulat (m) *Konsulat*
contact (m) *Kontakt*
contagieux *ansteckend*
content *zufrieden*
content , être - de *sich freuen über*
continuer *fortführen*
contrat (m) *Vertrag*
contre *gegen*
contredire *widersprechen*
contrôleur (m) *Kontrolleur*
convaincre *überzeugen*
conversation (f) *Gespräch*
copain, copine *Kumpel, Freundin*
coq (m) *Hahn*
corps (m) *Körper*
correspondant, -e *Gesprächspartner, -in*
correspondre à *entsprechen*
costume (m) *Anzug*
côté (m) *Seite*
côte (f) *Küste*
côte méditerranéenne (f) *Mittelmeerküste*

coton (m) *Baumwolle*
cou (m) *Hals*
coucher, se - *ins Bett gehen*
coude (m) *Ellbogen*
couleur (f) *Farbe* 75
couloir (m) *Flur*
coup de soleil (m) *Sonnenbrand*
coup, tout à - *plötzlich*
coupe (f) *Glas, Haarschnitt*
couper *schneiden*
couple (m) *Paar*
courage (m) *Mut, Eifer*
courageux, -se *mutig*
courant, être au - *Bescheid wissen*
courant, mettre au - *informieren*
courant (m) *Strom*
courrier (m) *Post*
courroie de transmission (f) *Keilriemen*
courses (f, pl) *Einkäufe*
court *kurz*
couteau (m) *Messer*
coûter *kosten* 35
couvert (m) *Besteck*
couverture (f) *Decke*
crampe (f) *Krampf*
craquant <> *attraktiv*
craquer <> *ausflippen*
cravate (f) *Krawatte*
crédit (m) *Kredit*
Crédit agricole (m) *Name einer Bank*
créer *schaffen, gründen*
crème (f) *Creme, Sahne*
crème caramel (f) *Karamellpudding* 61
crème, se mettre de la - *sich eincremen*
crèmerie (f) *Milchladen*
crème solaire (f) *Sonnenmilch*
créneau (m) *Marktlücke*
crêperie (f) *Pfannkuchenrestaurant*
crevé <> *fix und fertig*
crier *schreien*
crise (f) *Anfall*
crise d'appendicite (f) *Blinddarmentzündung*
croire *glauben*
croisière (f) *Kreuzfahrt*
croissant (m) *Croissant, Hörnchen*
Croix Rouge (f) *Rotes Kreuz*
croquer *beißen*
cuiller (f) *Löffel*
cuir (m) *Leder*
cuire *kochen, backen*
cuisine (f) *Küche*
cuisiner *kochen, zubereiten*
cuisinier, -ère *Koch, Köchin*
cul (m) <!> *Arsch*
CV (curriculum vitae) (m) *Lebenslauf*
cylindre (m) *Zylinder*

D

d'abord *zuerst*
d'accord *einverstanden* 35
danger (m) *Gefahr*
dangereux *gefährlich* 93
dans *in* 21
dans le cadre de *im Rahmen von*
danse (f) *Tanz*
danser *tanzen*
d'après *nach*
de ta part *von dir*
date (f) *Datum*
date de naissance (f) *Geburtsdatum*
débile *idiotisch*
débrouiller, se- *klarkommen*
début (m) *Anfang*
débutant -e *Anfänger/-in*
déca(féiné) (m) *koffeinfrei*
décalage horaire (m) *Zeitverschiebung*
décembre *Dezember*
déception (f) *Enttäuschung*
déchet (m) *Abfall*
décider *entscheiden*
décision (f) *Entscheidung*
déconner <> *spinnen*
découvrir *entdecken*
décrire *beschreiben*
décrocher *abnehmen (Hörer)*
décrocher *abhängen*
défavorable *ungünstig*
défectueux, -se *defekt*
défendre, se - *sich wehren*
dégoûtant *widerlich*
dehors *draußen*
déjà *schon*
déjeuner *zu Mittag essen*
délicieux, -euse *köstlich*
demain *morgen* 17
demander *bitten, fordern, fragen*
déménagement (m) *Umzug*
déménager *umziehen*
dément *wahnsinnig*
demi *halb*, **un demi (m)** *halbes Bier* 57
dentifrice (m) *Zahnpasta*
dentiste (m) *Zahnarzt*
départ (m) *Abfahrt, Aufbruch, Abflug*
dépasser *überholen*
dépêcher, se - *sich beeilen*
déprime <> (f) *Depression*
depuis *seit*
déranger *stören*
dernier, -ère *letzter*
derrière *hinter*
descendre *runtergehen, aussteigen*
désespérer *verzweifeln*

désirer *wünschen* **57**
désolé *es tut mir Leid* **75**
dessert (m) *Nachtisch* **61**
dessiner *zeichnen*
détester *hassen, verachten*
détourner *ausweichen*
détruire *zerstören*
deux *zwei*
devant *vor* **75**
développement (m) *Entwicklung*
devenir *werden*
déviation (f) *Umleitung*
deviner *raten*
devises (f/pl) *Devisen*
dévoiler *aufdecken*
devoir *müssen, sollen*
diagnostic (m) *Diagnose*
diarrhée (f) *Durchfall*
Dieu *Gott*
différent *unterschiedlich*
difficile *schwierig*
dimanche (m) *Sonntag*
dîner (m) *Abendessen*
diplôme (m) *Abschluss*
dire *sagen*
direct *direkt*
directeur, -rice *Leiter*
direction (f) *Lenkung, Richtung*
discothèque (f) *Disko*
discuter *diskutieren*
disponible *zur Verfügung*
dispute (f) *Streit*
disputer, se - *streiten*
distance (f) *Entfernung*
divorce (m) *Scheidung*
dizaine (f) *circa 10*
docteur (m) *Doktor, Arzt* **21**
doigt (m) *Finger*
dommage *schade*
donc *also, folglich*
donner *geben*
dont *deren, dessen*
dormir *schlafen*
dos (m) *Rücken*
dossier (m) *Akte*
douane (f) *Zoll*
doucement *langsam*
douche (f) *Dusche* **35**
doucher, se - *sich duschen*
douleur (f) *Schmerz*
doute (m) *Zweifel*
doute, sans - *zweifellos*
douter *zweifeln*
doux, douce *süß, zart*
douzaine (f) *Dutzend*
draguer <> *anmachen*
drame (m) *Drama*
droit (m) *Recht,* **avoir le - de** *Recht haben*
du moins *zumindest*
dur *hart*

E

eau (f) *Wasser*
eau de vie (f) *Schnaps* **57, 53, 61**
eau minérale gazeuse (f) *Mineralwasser mit Kohlensäure* **53**
eau potable (f) *Trinkwasser*
éboueur (m) *Müllmann*
échange (m) *Austausch*
échanger *tauschen*
éclair (m) *Blitzlicht*
éclater, s'- <> *sich austoben*
école (f) *Schule*
écolier, -ère *Schüler/-in*
écologiste *Umweltschützer*
économie (f) *Wirtschaft,* **-s** *Ersparnisse*
écouter *zuhören*
écrire *schreiben*
effectivement *in der Tat*
effet, en - *wirklich*
effort (m) *Anstrengung*
égal *gleich*
église (f) *Kirche*
égoïste (f/m) *Egoist*
Égypte (f) *Ägypten*
élection (f) *Wahl*
élégant, -e *elegant*
élevage (m) *(Auf-)Zucht*
élever *aufziehen*
emballe, ne t'- pas *bleib ruhig,* **emballer <>** *anmachen*
embaucher *einstellen*
embouteillage (m) *Stau*
embrasser, s'- *umarmen, küssen*
embrasser *küssen*
embrayage (m) *Kupplung*
émigrant, -e *Auswanderer*
emmener *mitnehmen*
empêcher *verhindern*
empirer *schlimmer werden*
emploi (m) *Arbeitsplatz*
employé, -e *Angestellte(r)*
empoisonnement (m) *Vergiftung*
en *in, nach*
en face *gegenüber*
en général *im Allgemeinen*
en haut *oben*
en ordre *ordentlich*
en panne *Panne*
enceinte *schwanger*
encore *noch*
endommager *beschädigen*
endroit (m) *Ort*
énervé *genervt*
énerver *auf die Nerven gehen*
enfant (m/f) *Kind* **89**
enfer (m) *Hölle*
enfin *schließlich, endlich*
enflé *geschwollen*
enlever *auflesen, wegnehmen*
ennemi, -e *Feind*

ennuyant, -e *langweilig, nervig*
ennuyer *stören, belästigen*
enseignant, -e *Lehrer/-in*
ensemble *zusammen*
ensuite *dann, danach*
entendre *hören*
entendre dire *sagen hören*
entraîneur (m) *Trainer*
entre *zwischen*
entrée (f) *Vorspeise*
entrepreneur (m) *Unternehmer*
entreprise (f) *Betrieb*
entrer *eintreten*
entretien d'embauche (m) *Einstellungsgespräch*
enveloppe (f) *Umschlag* **79**
envelopper *einwickeln*
envie (f) *Lust* **93**
environ *ungefähr*
environnement (m) *Umwelt*
environs (m/pl) *Umgebung*
envoyer *schicken, senden*
épargner *sparen*
épaule (f) *Schulter*
épinards (m/pl) *Spinat*
époque , à l'- *damals*
équipe (f) *Mannschaft*
erreur (f) *Fehler, Irrtum*
éruption (f) *(Haut-) Ausschlag*
escalier (m) *Treppe*
espagnol, -e *spanisch*
espèce (f) *Gattung*
espérons! *hoffentlich*
espoir (m) *Hoffnung*
essayer *anprobieren* **75**, *versuchen*
essence (f) *Benzin*, **- normale sans plomb (f)** *Normal bleifrei*
essuie-mains (m) *Handtuch*
est (m) *Osten*
estomac (m) *Magen*
et *und* **53**
étage (m) *Stockwerk*
et alors *und dann*
États-Unis (m/pl) *Vereinigte Staaten*
Etat (m) *Staat*
état (m) *Zustand*
été (m) *Sommer*
été, en plein - *mitten im Sommer*
éteindre *löschen*
étonnant *erstaunlich*
étonner, s'- *staunen, sich wundern*
étranger, -ère *Ausländer, Ausland* **79**
être *sein*
être d'accord *einverstanden*
études (f/pl) *Studium*
étudiant, -e *Student/-in* **21**
éveillé *aufgeweckt*
événement (m) *Ereignis*
évidemment, évident, -e *selbstverständlich, offensichtlich, klar*
éviter *vermeiden*
exact, -e, -ement *genau*
exagérer *übertreiben*
examiner *überprüfen*
excellent *ausgezeichnet*
exception (f) *Ausnahme*
excursion (f) *Ausflug*
excuse (f) *Entschuldigung*
excuser *entschuldigen*
exemple (m) *Beispiel*
exercer *ausüben*
exister *existieren*
expéditeur (m) *Absender*
expérience (f) *Erfahrung*
expérience (f) professionnelle *Berufserfahrung*
expliquer *erklären*
exploiter *ausnutzen, bewirtschaften*
exposition (f) *Ausstellung*
exprès *absichtlich*
express (m) *Espresso*
expression (f) *Ausdruck*
extérieur, à l' - *außerhalb*
extrait (m) *Auszug*

F

fac, faculté (f) *Fakultät*
façon, de toute - *auf jeden Fall*
facteur (m) *Briefträger*
fade *fade*
faillite, faire - *Konkurs machen*
faim (f) *Hunger*
faire *machen*
faire la fête *feiern*
faire la manche *betteln*
faire, se - *sich machen lassen*
fait, tout à - *ganz und gar*
famille (f) *Familie* **89**
farci *gefüllt*
farine (f) *Mehl*
fatigué *müde*
fatiguer *ermüden*
faute (f) *Fehler, Schuld*
fauteuil (m) *Sessel*
faux, fausse *falsch*
fax (m) *Fax*
femme (f) *Frau*
fenêtre (f) *Fenster*
ferme (f) *Bauernhof*
fermé *geschlossen* **43**
fermer *ausmachen, schließen*
fête (f) *Fest*
feu (m) *Ampel, Feuer* **97**
feu, faire du - *Feuer machen*
février *Februar*
ficelle (f) *Schnur*

ficher la paix <> *in Ruhe lassen*
fidèle *treu*
fièvre (f) *Fieber*
figue (f) *Feige*
figurer, se - *sich vorstellen*
file de voitures (f) *Autoschlange*
filé, être - *eine Masche (im Strumpf) haben*
filet (m) *Netz*
fille (f) *Mädchen, Tochter* **89**
fils (m) *Sohn* **89**
filtre (m) *Filter* **79**
fin (f) *Ende*, **à la -** *schließlich*, **- d'année** *Jahresende*
finalement *zum Schluss*
financer *finanzieren*
finir *enden*, **- par** *am Ende tun*
flacon (m) *Fläschchen*
flasher sur <> *total abfahren auf*
flemme, avoir la - *faulenzen*
fleur (f) *Blume*
flexible *flexibel*
flipper *ausflippen*
foie (m) *Leber*
fois (f) *Mal*, **des -** *manchmal*
foncé *dunkel...*
foot (m) *Fußball*
footing (m) *Jogging*
force (f) *Kraft*
forêt (f) *Wald*
formation (f) *Ausbildung, Fortbildung*
forme (f) *Form*, **en -** *in Form*
fort *stark, scharf*
fou, folle *verrückt*
foudre (f) *Blitz(strahl)*
fouler *verrenken*
fourchette (f) *Gabel*
foutu *kaputt*
frais, fraîche *frisch*
fraise (f) *Erdbeere*
framboises (f/pl) *Himbeeren* **71**
franc (m) *Franc*
Français, -e *Franzose* **21**
frein (m) *Bremse*
frein à main (m) *Handbremse*
frein de secours (m) *Notbremse*
fréquemment *häufig*
frère (m) *Bruder*
fric <> (m) *Geld, Kohle*
frisé *gelockt*
frites (f/pl) *Pommes frites* **57**
froid *kalt*
fromage (m) *Käse* **53**
fruit (m) *Obst, Frucht*
fruits de mer (m/pl) *Meeresfrüchte*
fumer *rauchen*
fumeur (m) *Raucher*
furieux, -se *wütend*

G

gagner *gewinnen, verdienen*
galère (f) <> *Strapaze*
galerie (f) *Galerie*
gant (m) *Handschuh*
garage (m) *Autowerkstatt* **97**
garçon (m) *Junge, Bub, Kellner*
garde, mettre en - *warnen*
garder *behalten*
gare (f) *Bahnhof* **39**
gauche, à- *links* **97**
gazole sans plomb (f) *Diesel bleifrei*
géant *riesig*
gêner *stören*
généreux *großzügig*
génial *genial*
genre (m) *Art, Stil, Genre*
gens (pl) *Leute*
gentil, -le *nett*
giga <> *riesig*
glace (f) *Eis* **93**
glaçons (m/pl) *Eiswürfel* **57**
glisser *rutschen*
gonfler <> *jmd. auf den Geist gehen*
gorge (f) *Kehle*
gosse (m/f) <> *Göre*
goût (m) *Geschmack*
goûter (m) *probieren*, **le -** *Vesper, Jause*
gouvernement (m) *Regierung*
grâce à *dank*
graissé *eingefettet*
gramme (m) *Gramm*
grand *groß* **53**
grand lit (m) *großes Bett* **35**
Grande-Bretagne (f) *England*
grand-mère (f) *Großmutter*
gratter *kratzen*
gratuit *kostenlos*
grave *schlimm* **97**
Grec, -que *Grieche/Griechin*
Grèce (f) *Griechenland*
grenouille (f) *Frosch*
grève (f) *Streik*
grignoter *naschen*
grillades (f/pl) *Gegrilltes*
griller *braten*
grippe (f) *Grippe*
gris *grau*
gronder *ausschimpfen*
gros, -se *dick*
grossir *zunehmen*
groupe (m) *Gruppe*
guerre (f) *Krieg*

gueule (f) <!> *Maul, Fresse,* **faire la -** *eine Fresse ziehen*
guichet (m) *Schalter*
guitare (f) *Gitarre*

H

habiller *anziehen*
habitant, -e *Einwohner/-in*
habiter *wohnen* **25**
habitude (f) *Gewohnheit*
habituer, s'- à *sich gewöhnen an*
hanche (f) *Hüfte*
haricot (m) *Bohne*
hasard (m) *Zufall*
hausse, en - *steigend*
hein *unübersetzbarer gallischer Laut*
hélas *leider*
heure (f) *Stunde,* **- de pointe** *Stoßzeit*
heure à, tout à l'- *bis später*
heureusement *glücklicherweise*
heureux, -se *erfreut, glücklich*
hier *gestern* **89**
hier soir *gestern Abend*
histoire (f) *Geschichte*
hiver (m) *Winter,* **en plein -** *mitten im Winter*
hollandais, -e *holländisch*
homme (m) *Mann*
honneur (m) *Ehre*
hôpital (m) *Krankenhaus* **97**
horreur (f) *Schrecken*
hôtel (m) *Hotel*
huile d'olives (f) *Olivenöl* **71**
huître (f) *Auster*
humeur (f) *Laune*
humide *feucht*
humour (m) *Humor*
hypermarché (m) *Großmarkt*

I

ici *hier* **43**
idée (f) *Idee*
île (f) *Insel*
il fait beau *das Wetter ist schön* **89**
il faut *man muss, es ist notwendig*
il vaut mieux *es ist besser*
il y a *es gibt* **43**, *vor,* **- que** *es ist ... her, dass*
image (f) *Bild*
imaginer, s'- *sich vorstellen*
immédiatement *sofort*
immeuble (m) *Gebäude*
important *wichtig*
impossible *unmöglich*
impôt (m) *Steuer*
imprimé (m) *Drucksache*
improviser *improvisieren*
incapable *unfähig*
incendie (m) *Brand*
inconnu *unbekannt*
Inde (f) *Indien*
indépendant *unabhängig, selbständig*
indicatif (m) *Vorwahl*
indiscret *indiskret*
indispensable *unerlässlich, notwendig*
infarctus (m) *Herzinfarkt*
infiniment *unendlich, sehr*
infirmière (f) *Krankenschwester*
information (f) *Information, Auskunft, Benachrichtigung*
ingénieur (m) *Ingenieur*
injection (f) *Injektion*
injure (f) *Beleidigung*
inquiéter *beunruhigen*
inscription (f) *Anmeldung*
inscrire *einschreiben, anmelden*
insecte (m) *Insekt*
insécurité (f) *Unsicherheit*
insomnie (f) *Schlaflosigkeit*
installer *einbauen,* **s'-** *Platz nehmen*
instant (m) *Moment* **57**
instruction (f) *Anleitung*
instrument (m) *Instrument*
insulte (f) *Schimpfwort*
insupportable *unerträglich*
intellectuel, -le *intellektuell*
intelligent *intelligent*
intention (f) *Absicht*
interdire *verbieten*
intéresser *interessieren*
intérêt (m) *Interesse*
interprète (m/f) *Dolmetscher*
interrupteur (m) *Lichtschalter*
intestin (m) *Darm*
inventer *erfinden*
investir *investieren*
invitation (f) *Einladung*
inviter *einladen*
irlandais, -e *irisch*
Irlande (f) *Irland*
isolé *isoliert*
Italie (f) *Italien*
Italien, -ne *Italiener, -in*
italien, -ne *italienisch*
IVG, interruption volontaire de grossesse (f) *freiwilliger Schwangerschaftsabbruch*

J

j'ai *ich habe* **35**
jalousie (f) *Eifersucht*

jaloux, -se *eifersüchtig*
jamais *nie, niemals*
jambe (f) *Bein*
jambon (m) *Schinken* **57**
janvier *Januar*
jardin (m) *Garten*
jaune *gelb*
jeter *wegwerfen*
jeter un coup d'œil sur *einen Blick werfen auf*
jeudi *Donnerstag*
jeune *jung*
jeunesse (f) *Jugend*
joindre *erreichen*
joli *schön* **75**, *hübsch*
jouer *spielen*
joueur, -se *Spieler/-in*
jour (m) *Tag*, **- férié** *Feiertag*, **de - en jour** *von Tag zu Tag*, **en plein -** *am helllichten Tag*
journal (m) *Zeitung* **79**
journaliste (m/f) *Journalist*
journée (f) *Tag*
joyeux, -se *freudig, fröhlich*
Juif, Juive *Jude/Jüdin*
Juillet *Juli*
Juin *Juni*
jupe (f) *Rock* **75**
jurer *schwören*
jus (m) *Saft*, **- d'orange** *Orangensaft* **57**, **- de fruit** *Obstsaft*, **- de pommes** *Apfelsaft*
jusqu'à *bis* **43**
jusque *bis*
juste *nur, richtig, direkt*
justement *gerade, eben*

K

kilo (m) *Kilo* **71**
kilomètre (m) *Kilometer* **97**

L

là-bas *dort*
laboratoire pharmaceutique (m) *pharmazeutisches Labor*
laid *hässlich*
laisser *lassen*
laisser tranquille *in Ruhe lassen*
lait (m) *Milch* **53**
laitue (f) *Kopfsalat*
langue (f) *Sprache*
lapin (m) *Kaninchen*
lard (m) *Speck*
large *breit*
laser (m) *Compact Disc*
laurier (m) *Lorbeer*
lavabo (m) *Waschbecken*
laver *waschen*, **se -** *sich waschen*
laxatif (m) *Abführmittel*
lecteur (m) *Leser*
légumes (m/pl) *Gemüse* **61**
lentement *langsam* **25**
lettre (f) *Brief* **79**
lettre de candidature *Bewerbungsschreiben*
lettre exprès (f) *Eilbrief*
lever, se - *aufstehen*
lèvre (f) *Lippe*
liberté (f) *Freiheit*
libre *frei* **35**
lieu (m) *Ort*
limitation de vitesse (f) *Geschwindigkeitsbegrenzung*
liquide *flüssig*
lire *lesen*
liste (f) *Liste*, **- des hôtels (f)** *Hotelverzeichnis* **43**
lit (m) *Bett*
litre (m) *Liter* **71**
littéraire *literarisch*
littoral (m) *Küstengebiet*
livraison (f) *Auslieferung*
livre (m) *Buch*
livre (f) *Pfund* **71**
location de voitures (f) *Autoverleih*
loger, se - *wohnen*
loi (f) *Gesetz*
loin *weit* **97**
loisirs (m/pl) *Freizeit*
long, longue *lang*
longer *entlanggehen*
longtemps *lange (Zeit)*
look (m) *Aussehen*
louer *vermieten, mieten*
lourd, -e *schwer*
lourd *schwül*
lumière (f) *Licht*
lundi *Montag*
lune (f) *Mond*
lunettes (f/pl) *Brille*, **mettre ses -** *seine Brille aufsetzen*
lunettes de soleil (f/pl) *Sonnenbrille*
lutte (f) *Kampf*
lutter *kämpfen*
lycée (m) *Gymnasium*

M

mâchoire (f) *Kiefer*
Madame *meine Dame* **17**
Mademoiselle *mein Fräulein* **17**
maillot de bains (m) *Badeanzug*
main (f) *Hand*
maintenant *jetzt*
mairie (f) *Rathaus*
mais *aber* **43**
maison (f) *Haus*
mal *schlecht, weh*
malade *krank*
maladie (f) *Krankheit*
mal à la tête (m) *Kopfschmerzen* **97**
mal au cœur (m) *Übel (körperlich)*

mal au ventre (m) *Bauchweh* **97**
malin *schlau, geschickt*
maman *Mama*
manger *essen* **57**
manquer *fehlen*
m'appelle, je - *ich heiße* **21**
marché (m) *Markt*
marche, mettre en - *in Gang bringen*
marcher *laufen* **97**
mardi *Dienstag*
mari (m) *Ehemann* **89**
mariage (m) *Hochzeit*
marié *verheiratet* **89**
marier *heiraten*
marin (m) *Matrose*
Maroc (m) *Marokko*
marre, en avoir - *es satt haben*
mars *März*
marteau (m) *Hammer*
masculin *männlich*
match (m) *Spiel, Match*
matelas (m) *Matratze*
math, mathématiques (f/pl) *Mathematik*
matinée (f) *Vormittag*
mec (m) *Typ*
mécanicien (m) *Mechaniker*
médecin (m) *Arzt*
médecine (f) *Medizin*
méditer *meditieren*
meilleur, -e *besser,* **c'est la meilleure!** *das ist doch der Gipfel!*
mélanger *mischen*
melon (m) *Honigmelone* **71**
membre (m) *Mitglied*
même *selbe, sogar,* **- chose (f)** *dasselbe* **61, - pas** *nicht mal*
même, la - *dieselbe*
mémoire (f) *Gedächtnis*
menacer *bedrohen*
ménage, faire le - *putzen*
mener *führen*
mensonge (m) *Lüge*
mensuel (m) *monatlich*
mentir *belügen*
menu (m) *Menü* **61**
mer (f) *Meer* **89**
mer, en pleine - *auf hoher See*
merci *danke* **17**
mercredi *Mittwoch*
mère (f) *Mutter*
merveilleux, -euse *wunderbar*
message (m) *Nachricht*
Messieurs-Dames *meine Damen und Herren* **57**
métro (m) *U-Bahn*
mettre *stellen, stecken, anziehen*
mettre en communication *verbinden mit*
meuble (m) *Möbel*
Mexique (m) *Mexiko*
micro-ondes (m) *Mikrowelle*
midi *Mittag*
mieux *besser*
mignon, -ne *süß, niedlich*
migraine (f) *Migräne*
milieu (m) *Milieu, Mitte*
militer *aktiv sein (in einem Verein, Partei, usw.)*
mille (m) *tausend*
million (m) *Million*
minable *null*
mince *dünn*
minette (f) <> *Mädchen, Mieze*
Minitel (m) *französisches Btx-System*
minute (f) *Minute*
mobile *mobil*
moche *hässlich*
mode (f) *Mode*
modèle (m) *Modell*
modern, -e *modern*
moi aussi *ich auch* **93**
moins *weniger*
mois (m) *Monat*
moitié (f) *Hälfte*
moment (m) *Moment,* **à ce - là** *gerade dann*
monastère (m) *Kloster*
monde (m) *Welt*
mon nom est *mein Name ist* **21**
Monsieur *mein Herr* **17**
monstrueux *grässlich*
montagne (f) *Berg*
monter *steigen, ein-, auf-, hochtun*
montant (m) *Betrag*
montrer *zeigen*
morceau (m) *Stück* **75**
mort (f) *Tod*
mot (m) *Wort*
moteur (m) *Motor*
mouillé *nass*
moules (f/pl) *Miesmuscheln* **75**
mourir *sterben*
moutarde (f) *Senf* **71**
moyen (m) *Mittel*
moyenne, en - *im Durchschnitt*
muffle <> *Lümmel, gemeiner Kerl*
musée (m) *Museum*
musique (f) *Musik*

N

nager *schwimmen*
naïf, -ve *naiv*
naître *geboren werden*
nana (f) <> *Mädel*
nature (f) *Natur*
naturel, -le *natürlich*
nausée (f) *Brechreiz*
né *geboren*
nécessaire *notwendig, nötig*

neiger *schneien*
neige (f) *Schnee*
nettoyage (m) *Reinigung*
nettoyer *sauber machen*
neveu (m) *Neffe*
nez (m) *Nase*
ni … ni *weder … noch*
Noël *Weihnachten*
noisette (f) *Haselnuss*
nom (m) *Name* **21**
nombreux, -se *zahlreich*
non *nein* **21**
non fumeur *Nichtraucher* **53**
non plus *auch nicht*
nord (m) *Norden*
normal *normal*
noter *notieren*
nourrir *ernähren*
nourriture (f) *Nahrung*
nouveau, de - *wieder*
nouveauté (f) *Neuigkeit*
nouveau, nouvel, -le *neu*
Nouvel An (m) *Neujahr*
nouvelles, avoir des - de *etwas hören von*
novembre *November*
noyau (m) *Kern*
nu *nackt*
nuage (m) *Wolke*
nuageux *bewölkt*
nuit (f) *Nacht* **35**
nuitée (f) *Übernachtung*
nul, -le *unfähig*
nulle part *nirgendwo*
numéro (m) *Nummer* **25**

O

obéir *gehorchen*
obtenir *erhalten*
occasion (f) *Gelegenheit*
occupé *besetzt* **39**
occupé, être - *beschäftigt sein*
occuper *besetzen,* **s'- de** *sich kümmern um*
octobre *Oktober*
odeur (f) *Geruch*
œuf (m) *Ei*
offre (f) *Angebot,* **- d'emploi** *Stellenangebot*
offrir *schenken, anbieten*
oignons (m/pl) *Zwiebeln*
oiseau (m) *Vogel*
on *man* **93**
ongle (m) *Nagel*
on y va *los, gehen wir* **93**
opération (f) *Operation*
opticien (m) *Optiker*
or (m) *Gold*
orage (m) *Gewitter*
ordinaire *gewöhnlich*
ordinateur (m) *Computer*
ordonnance (f) (méd), *Rezept*
ordre (m) *Befehl*
ordures (f/pl) *Müll*
oreille (f) *Ohr*
oreiller (m) *Kissen*
organiser *organisieren, veranstalten*
os (m) *Knochen*
oser *wagen*
ou *oder* **53**
où *wo* **25**
oublier *vergessen*
oui *ja* **17**
où se trouve? *wo befindet sich?* **75**
ouvert *geöffnet* **43**
ouvre-boîte (m) *Dosenöffner*
ouvrier (m) *Arbeiter*
ouvrir *öffnen, aufmachen*

P

pain (m) *Brot* **53, - complet** *Vollkornbrot* **71, - de seigle** *Roggenbrot* **71**
paire (f) *Paar*
palais (m) *Palast*
paludisme (m) *Malaria*
panier (m) *Korb*
paniquer *in Panik geraten*
piano (m) *Klavier*
panne (f) *Panne*
pantalon (m) *Hose*
pape (m) *Papst*
papier (m) *Papier*
papier collant (m) *Klebeband*
paquet (m) *Paket, Schachtel* **79**
par *pro* **35**
paraître *scheinen*
parano <> *paranoid*
parapluie (m) *Regenschirm*
parasol (m) *Sonnenschirm*
parce que *weil*
par contre *dagegen*
parcourir *durchlaufen*
pardon (m) *Entschuldigung* **25**
pardonner *verzeihen*
pareil *gleich*
parents (m/pl) *Eltern*
paresseux, -se *faul*
parfait *perfekt*
parfum (m) *Parfum*
parfumé, -e *parfümiert*
Parisien, -ne *Pariser, pariserisch*
parking (m) *Parkplatz*
parler *sprechen, reden*
part (f) *Anteil*
partager *teilen*
partenaire (m/f) *Partner*
participer *teilnehmen*
particulier, en - *besonders*
partie (f) *Teil,* **faire - de** *gehören zu*
partir *weggehen, abfahren* **39**
partout *überall*
pas *nicht,* **- du tout** *überhaupt nicht,* **- étonnant** *kein Wunder,* **- grand**

chose *nicht viel,* **- mal** *nicht schlecht* **17**
pas (m) *Schritt*
passeport (m) *Pass* **25**
passer *vergehen, vorbeikommen, weitergeben*
passer le bac *Abitur machen*
passionné *Begeisterter*
pastis (m) *Pastis* **57,** *Anisschnaps*
pâte (f) *Teig*
pâté (m) *Pastete* **57**
pathétique *pathetisch*
patience (f) *Geduld*
patin (m) *Roll-, Schlittschuh*
pâtisserie (f) *Konditorei*
patron (m) *Arbeitgeber*
pauvre *arm*
pauvreté (f) *Armut*
payer *bezahlen*
pays (m) *das Land*
paysage (m) *Landschaft*
paysan (m) *Bauer*
Pays-Bas (m/pl) *Holland*
peau (f) *Haut*
pêche (f) *Pfirsich*
pêche, aller à la - *angeln gehen*
avoir la - *gut «drauf» sein, gute Laune haben*
pêcher *angeln*
peigne (m) *Kamm*
peindre *malen*
peine (f) *Mühe, Leid*
peintre (m) *Maler*
pellicule-couleurs (f) *Farbfilm*
pendant *während*
penser *denken*
pension (f) *Pension*
perdre *verlieren*
performant *leistungsfähig*
permanent *ständig*
permettre *erlauben, leisten*
permis de conduire (m) *Führerschein*
persil (m) *Petersilie*
personne *niemand,*
personne (f) *Person* **35**
personnes âgées (f/pl) *ältere Menschen*
perspective (f) *Aussicht*
perte (f) *Verlust*
peser *wiegen*
pété <!> *betrunken*
petit *klein* **75**
petit déjeuner (m) *Frühstück* **35**
peu (m) *ein bisschen* **61**
peur (f) *Angst*
peut-être *vielleicht*
peux, je - *ich kann* **75**
pharmacie (f) *Apotheke*
pharmacien, -ne *Apotheker*
phare (m) *Scheinwerfer*
phrase (f) *Satz*
physique (m) *Aussehen*
pichet (m) *Krug*
pièce (f) *Stück, Raum*
pièce d'identité (f) *Ausweis*
pied (m) *Fuß,* **avoir -** *(im Wasser:) stehen*
pierre (f) *Stein*
pile (f) *Batterie*
pilote (m) *Pilot*
pilule (f) *Antibabypille*
pinguoin (m) *Pinguin*
pique-niquer *picknicken*
piqûre (f) *Spritze*
piqûre de moustique (f) *Mückenstich*
piscine (f) *Schwimmbad*
pistache (f) *Pistazie*
piste (f) *Piste, Tanzfläche, Spur*
pistonner <> *empfehlen*
place (f) *Platz, Sitz*
placer, poser *aufstellen*
plage (f) *Strand* **89**
plaie (f) *Wunde*
plainte (f) *Beschwerde*
plaîre *gefallen*
plaisanter *scherzen, Witze machen*
plan (m) *Plan* **avoir un -** *etwas vorhaben*
planche à voile (f) *Surfbrett* **93**
plaquer <> *sitzen lassen*
plat (m) *Gang (beim Essen)*
plateau (m) *Tablett*
plein *voll* **43**
pleurer *weinen*
plongée sous-marine (f) *Tauchen*
pluie (f) *Regen*
plus *mehr,* **- tôt** *früher,* **de - en plus** *immer mehr*
plus, en - *dazu*
plusieurs *mehrere*
plutôt *lieber, eher*
PME, petite et moyenne entreprise (f) *kleineres oder mittleres Unternehmen*
pneu (m) *Reifen*
poêle (m) *Pfanne, Ofen*
poids (m) *Gewicht*
pointure (f) *Schuhgröße*
poire (f) *Birne*
poireau (m) *Lauch*
poisson (m) *Fisch* **75**
poissonnerie (f) *Fischgeschäft*
poitrine (f) *Brust*
poivre (m) *Pfeffer* **61**
poli *höflich*
police (f) *Polizei*
politicien, -ne *Politiker/-in*
politique (f) *Politik*
pollué *verschmutzt*
pommade (f) *Salbe*
pomme (f) *Apfel*
pommes de terre (f/pl) *Kartoffeln* **71**

pompe (f) *Pumpe*
pont (m) *Brücke*
population active (f) *erwerbstätige Bevölkerung*
port (m) *Hafen,* **- de plaisance** *Yachthafen*
porte (f) *Tür,* **mettre à la -** *hinauswerfen*
Portugais, -e *Portugiese*
poser *hinstellen, posieren,* **- sa candidature** *sich bewerben*
Portugal (m) *Portugal*
possible *möglich*
poste (m) *Radiosender, Post (f), Arbeitsplatz*
pot catalytique (m) *Katalysator*
pot d'échappement (m) *Auspuff*
pote (f) <> *Kumpel*
poulet (m) *Hähnchen*
pour *für* **35**
pourboire (m) *Trinkgeld*
pour Bordeaux *nach Bordeaux* **39**
pour cette raison (f) *aus diesem Grund*
pourquoi *warum* **93**
pourtant *dennoch*
pousser *drücken, drängen, wachsen*
pouvoir *können, dürfen;* **le pouvoir** *die Macht*
pratique (f) *praktisch, Übung*
précipitation (f) *Niederschlag*
préférer *vorziehen, lieber haben*
premier, première *erste/-r* **39, - fois (f)** *erstes Mal* **89**
premier secours (m) *erste Hilfe*
prendre *nehmen* **61, - pour** *halten für*
prénom (m) *Vorname*
préparer *vorbereiten*
près *nahe*
présence (f) *Anwesenheit*
présent *anwesend*
présenter *vorstellen*
préservatif (m) *Präservativ*
presque *fast*
pressé *eilig*
presse (f) *Presse*
pression (f) *gezapftes Bier* **57**
présumé *mutmaßlich*
prêt *bereit, fertig*
prêter *leihen*
prêtre (m) *Pfarrer*
prévenir *Bescheid sagen, warnen*
prévoir *voraussehen*
prière (f) *Bitte, Gebet*
prime, en - *als Zugabe*
princesse (f) *Prinzessin*
principal, -e *Haupt-*
principalement *hauptsächlich*
printemps (m) *Frühling*
prise de courant (f) *Steckdose*
prison (f) *Gefängnis*
privé *privat*
prix (m) *Preis*
probable *wahrscheinlich*
problème (m) *Problem* **97**
prochain *nächster*
produit (m) *Produkt*
produit alimentaire (m) *Lebensmittel*
prof (m/f) <> *Lehrer*
profiter *profitieren*
programme (m) *Programm*
progrès (m) *Fortschritt*
projet (m) *Projekt*
promenade (f) *Spaziergang*
promener *spazieren*
promesse (f) *Versprechen*
promu *befördert*
proposer *vorschlagen*
proposition (f) *Vorschlag*
propre *sauber* **89**
propriétaire (m/f) *Besitzer*
protester *protestieren*
province (f) *ganz Frankreich, außer Paris*
provisions (f/pl) *Proviant*
prudence (f) *Vorsicht*
prune (f) *Pflaume*
psychiatre (m/f) *Psychiater*
psychologie (f) *Psychologie*
psychologue (m/f) *Psychologe*
pub <>, publicité (f) *Werbung*
public (m) *Publikum, öffentlich*
puis *dann*
puisque *da*
pull-over (m) *Pullover*
punir *bestrafen*

Q

quai (m) *Gleis* **39**
qualification (f) *Qualifikation*
qualité (f) *Qualität*
quand *wann, wenn*
quand même *wirklich, trotzdem, immerhin, doch*
quart (m) *Viertel*
que *dass*
quelque *irgend(ein),* **- chose** *etwas* **57, - part** *irgendwo,* **-s** *einige*
quelqu'un *jemand*
question (f) *Frage,* **mettre en -** *in Frage stellen*
questionner *fragen*
queue (f) *Schlange, Schwanz*

qui? *wer?*
quitter *verlassen*
quoi? *was?* **79**
quotidien *täglich*

R

raccrocher *auflegen*
raconter *erzählen*
radio (f) *Rundfunk, Röntgenbild*
radioactif *radioaktiv*
raisin (m) *Traube*
raison (f) *Vernunft,* **avoir -** *Recht haben*
raisonnable *vernünftig*
râler *nörgeln, meckern*
râleur, -euse <> *Nörgler, Meckerer/-in*
randonnée (f) *Wanderung,* **(GR) Grande Randonnée** *Wanderpfad*
ranger *ordnen*
rapide *schnell*
rappeler *zurückrufen, erinnern*
rapporter *Geld einbringen*
rare *selten*
raser, se - *sich rasieren*
ras le bol, en avoir - *die Nase voll haben*
rater *verpassen*
rayé, -e *gestreift*
rayon (m) *Abteilung (Kaufhaus)* **75**
réaliser *verwirklichen*
réalité, en - *eigentlich*
recevoir *erhalten, bekommen, empfangen*
recherche (f) *Suche*
rechercher *suchen*
recommandé, en - *per Einschreiben*
recommencer *wieder anfangen*
reconnaître *wieder erkennen*
récolte (f) *Ernte*
reçu (m) *Quittung*
réduction (f) *Ermäßigung*
refaire *neu machen*
réfléchir *nachdenken, überlegen*
refuser *ablehnen,* **se - quelque chose** *sich etwas versagen*
regarder *schauen, nach-* **79, ça ne te regarde pas** *das geht dich nichts an*
régime (m) *Diät*
région (f) *Region, Gegend*
regrette, je - *tut mir Leid* **57**
regretter *bedauern, bereuen*
régulièrement *regelmäßig*
relevé *pikant*
remarquer *bedenken*
remercier *sich bedanken, danken*
remise (f) *Abstellkammer*
remplir *ausfüllen*
rencontre (f) *Begegnung*
rencontrer *treffen*
rendez-vous (m) *Rendezvous, Termin*
rendre *zurückgeben,* **- malade** *krank machen*
rénover *renovieren*
rentrer *zurückkommen*
réparation (f) *Reparatur*
réparer *reparieren* **97**
répartir *verteilen*
repas (m) *Mahlzeit*
repasser *bügeln*
répondeur automatique (m) *automatischer Anrufbeantworter*
répondre *antworten*
repos (m) *Erholung*
reproche (m) *Vorwurf*
république (f) *Republik*
réservé *reserviert* **39**
respirer *atmen*
responsable *verantwortlich*
restaurant (m) *Restaurant*
rester debout *aufbleiben*
resto (m) <> *Restaurant*
résultat (m) *Ergebnis*
retard (m) *Verspätung*
retarder *verspäten*
retenir *festhalten*
retirer, se - *sich zurückziehen*
retour (m) *Rückfahrt*
retraité (m) *Rentner*
retrouvailles (f/pl) *Wiedersehen*
retrouver *treffen*
rétroviseur (m) *Außenspiegel*
réunion (f) *Besprechung*
réussir *Erfolg haben, erreichen*
réveiller, se - *aufwachen*
Réveillon (m) *Heiligabend-, Silvesterfeier*
revenir *zurückkommen*
rêver *träumen*
revoir *wieder sehen*
révolutionnaire (m/f) *Revolutionär/-in*
rez-de-chaussée (m) *Erdgeschoss*
rhumatisme (m) *Rheuma*
rhume (m) *Erkältung*
rhume des foins (m) *Heuschnupfen*
rien *nichts,* **- du tout** *gar nichts*
rigoler *(aus)lachen*
rigolo *lächerlich, lustig*
rivière (f) *Fluss*
riz (m) *Reis*
robe (f) *Kleid*
rocher (m) *Fels*
roi (m) *König*
roman (m) *Roman*
rôti (m) *Roastbeef*

rouge *rot* **75**
rouler *rollen, fahren*
ça - <> *das flutscht*
roulette (f) *Roulette*
route (f) *Landstraße, Strecke*
rue (f) *Straße* **25, en pleine -** *auf offener Straße*
rupture (f) *Bruch*
Russe (f/m) *Russe*
Russie (f) *Russland*
rythmé *rhythmisch*

S

sac (m) *Sack, Tasche, Tüte*
sacré *verdammt, heilig*
saigner *bluten*
sain *gesund*
sais, je ne - pas *ich weiß es nicht* **43**
saison (f) *Saison*
saison, en pleine - *in der Hochsaison*
saisir *angreifen*
salade (f) *Salat* **57**
salaire (m) *Gehalt, Lohn*
salaud <!> *Dreckskerl*
sale *dreckig, schmutzig*
salé *gesalzen*
salle (f) *Saal,* **- de bains (f)** *Badezimmer* **35**
salon (m) *Wohnzimmer*
salope <!> *Schlampe, Drecksau*
saluer *grüßen*
salut! *hallo, tschüs!* **17**
samedi *Samstag*
sandwich (m) *Sandwich* **57**
sang (m) *Blut*
sanglier (m) *Wildschwein*
sans *ohne* **53**
sans plomb *bleifrei*
santé (f) *Gesundheit*
sauce (f) *Soße*
saucisson (m) *Wurst*
sauf *außer*
sauter *springen*
sauvage *wild*
sauver *retten*
sauver, se - *sich retten*
savoir *wissen*
scène de ménage (f) *Ehekrach*
scientifique *wissenschaftlich*
se comporter *sich benehmen*
se donner rendez-vous *sich verabreden*
se garer *parken*
se marier *heiraten*
se plaindre *sich beklagen*
se rappeler *sich erinnern*
se réveiller *aufwachen*
sec *trocken*
séchoir à cheveux (m) *Föhn*
seconde, en - *zweite (Klasse)* **39**
secret (m) *Geheimnis*
seiche (f) *Tintenfisch*
séjour (m) *Aufenthalt*
sel (m) *Salz* **61**
sélection (f), grand vin *Auslese*
semaine (f) *Woche*
sembler *(er)scheinen*
semelle (f) *Sohle*
séminaire (m) *Seminar*
s'en faire <> *sich Sorgen machen*
sens unique (m) *Einbahnstraße*
sentiment (m) *Gefühl*
sentir *riechen, fühlen*
séparation (f) *Trennung*
séparer *trennen*
septembre *September*
sérieux *ernsthaft*
serré *eng*
serveur (m) *Kellner*
service de dépannage (m) *Abschleppdienst*
service des urgences (m) *notärztlicher Dienst*
serviette hygiènique (f) *Damenbinde*
servir *bedienen*
seul *allein* **21**
seulement *nur* **71**
sexe, genre (m) *Geschlecht*
si *derart, so, doch*
sida (m) *Aids*
siècle (m) *Jahrhundert*
siège (m) *Sitz*
signature (f) *Unterschrift*
signer *unterschreiben*
s'il vous plaît! *bitte!* **25**
simple *einfach*
sincère *aufrichtig*
singe (m) *Affe*
sinon *sonst*
s'investir *sich engagieren*
situé *platziert, an/bei/in ... liegend*
sixième *sechster*
ski (m) *Ski* **93, faire du -** *Ski fahren*
SMIC, salaire minimum interprofessionnel de croissance *staatlich festgelegter Mindestlohn*
sœur (f) *Schwester*
soi-disant *so genannt*
soie (f) *Seide*
soif (f) *Durst*
soir (m) *Abend*
soirée (f) *Abend (Verlauf)*
sol (m) *Boden*
sole (f) *Seezunge*
soleil (m) *Sonne,* **en plein -** *in der prallen Sonne*
solitude (f) *Einsamkeit*
sombre *dunkel*
son (m) *Ton*
sondage (m) *Umfrage*
sonner *klingeln*
sortie (f) *(Autobahn-) Ausfahrt, Ausgang*

sortie de secours (f) *Notausgang*
sortir *ausgehen, hinausgehen*
souci (m) *Sorge*
soudain *plötzlich*
souhaiter *wünschen*
souhaits (m/pl) *Glückwünsche*
soupape (f) *Ventil*
soupçon (m) *Verdacht*
soupçonner *verdächtigen*
soupe (f) *Suppe*
sourire *anlächeln*
souris (m) *Maus*
sous *unter*
soutenir *unterstützen*
souvenir (m) *Erinnerung*
souvent *oft*
sparadrap (m) *Pflaster*
spécial *Spezial*
speeder <> *total aufgeregt sein*
sport (m) *Sport* **93**
stage (m) *Lehrgang, Workshop*
stand (m) *(Markt-)Stand*
station (f) *Station,* **- service** *Tankstelle*
stressé *gestresst*
stylo-bille (m) *Kugelschreiber*
sucre (m) *Zucker* **53**
sucré *gezuckert, süß*
sud (m) *Süden*
Suède (f) *Schweden*
suffire *reichen, genug sein*
suffisant *ausreichend*
suis, je - *ich bin* **21**
Suisse (f) *Schweiz*
Suisse, -sse *Schweizer/-in*
suite (f) *Rest, Folge*
sujet (m) *Thema*
super (m) *super,* **- normal,** *Super verbleit,* **- sans plomb** *Super bleifrei*
supermarché (m) *Supermarkt*
supplément (m) *Zuschlag*
supporter *ertragen, aushalten*
sur *auf, über* **43**
sûr *sicher*
surgelé *tiefgekühlt*
surprise (f) *Überraschung*
surtout *vor allem*
sympathique *sympathisch, nett*
syndicat (m) *Gewerkschaft*

T

tabac (m) *Tabak*
table (f) *Tisch* **61, mettre la -** *den Tisch decken,* **se mettre à -** *sich zum Essen setzen*
tableau (m) *Gemälde*
taille (f) *Größe* **75**
taire, se - *schweigen*
tampon (m) *Tampon, Stempel*
tant *so viel,* **- mieux** *gut so, umso besser,* **tant pis!** *halb so schlimm!*
tard *spät*
tarif (m) *Tarif, Preis*
tarte aux fruits (f) *Obsttorte* **61**
tasse (f) *Tasse*
taxi (m) *Taxi*
technique *technisch*
télécarte (f) *Telefonkarte*
télécopie (f) *Fax*
téléphone (m) *Telefon* **25**
téléphoner *telefonieren*
téléviseur (m) *Fernseher*
télé(vision) (f) *Fernsehen*
tellement *so sehr*
témoin (m) *Zeuge/Zeugin*
température (f) *Temperatur*
temps (m) *Zeit, Wetter,* **de - en temps** *ab und zu,* **de mon -** *zu meiner Zeit*
temps présent (m) *Gegenwart*
tempête (f) *Sturm, Unwetter*
tendre *zärtlich*
tenir *halten*
tenir compagnie *Gesellschaft leisten*
tennis (m) *Tennis*
tension artérielle (f) *Blutdruck*
tente (f) *Zelt*
tenue de route (f) *Straßenlage*
terminer *beenden, abschließen*
terrain (m) *Grundstück*
terrain de camping (m) *Campingplatz*
terrasse (f) *Terrasse*
terre (f) *Erde*
tétanus (m) *Tetanus*
tête (f) *Kopf,* **faire la -** *schmollen,* **se prendre la -** *sich verrückt machen*
texte (m) *Text*
TGV, train à grande vitesse (m) *Hochgeschwindigkeitszug*
thé (m) *Tee* **53**
théâtre (m) *Theater*
théière (f) *Teekanne*
ticket (m) *Eintrittskarte, Fahrticket*
tiens! *schau mal einer an!, nimm!*
Tiers monde (m) *Dritte Welt*
timbre (m) *Briefmarke* **79**
tirer *ziehen,* **s'en -** *sich aus der Affäre ziehen,* **se - <>** *abhauen*
tiroir (m) *Schublade*
tisane (f) *Kräutertee*

toi *du (betont)* **21**
toile (f) *Leinen*
tomate (f) *Tomate* **71**
tomber *fallen*, **- en panne (f)** *eine Panne haben*
tomber sans connaissance *ohnmächtig werden*
tôt *früh*
totalement *völlig*
toujours *immer*
tour (f) *Turm*
tour (m) *Tour, Reihe*
touriste (f/m) *Tourist* **79**
tourner *drehen*
tout *alles*
tout à coup *plötzlich*
tout de suite *sofort* **53**
tout droit *geradeaus* **97**
tout le monde *alle Leute*
toux (f) *Husten*
traditionnel *traditionell*
traduire *übersetzen*
train (m) *Zug* **39**
train de banlieue (m) *Nahverkehrszug*
tranche (f) *Scheibe*
tranquille *ruhig*
tranquillisant (m) *Beruhigungsmittel*
transports en commun (m/pl) *öffentliche Verkehrsmittel*
travail (m) *Arbeit*
travailler *arbeiten* **21**
travailleur, -euse *Arbeitnehmer/-in*
très *sehr*, **- bien** *sehr schön* **35**
trésor (m) *Schatz*
tribunal (m) *Gericht*
triste *traurig*
trois *drei*
tromper *fremdgehen, betrügen*
trop *zu (sehr)*, **- cher** *zu teuer* **35**
trou (m) *Loch*
troupeau (m) *Herde*
trouver *finden*, **se -** *sich befinden*
truc (m) <> *Ding*
truite (f) *Forelle*
tuer *töten*
Turc, -que *Türke, -in*
turc, -que *türkisch*
Turquie (f) *Türkei*
tutoyer *duzen*
tu vas bien? *geht es dir gut?* **17**
type (m) *Typ, Kerl*

U

urgent *dringend*
usine (f) *Fabrik*
utile *nützlich*
utiliser *benützen*

V

vacances (f/pl) *Urlaub, Ferien* **21**
vacciner *impfen*
vache (f) *Kuh*
vais, je - *ich gehe, fahre* **39**
vaisselle, faire la - *spülen*
valable *gültig*
valise (f) *Koffer*
vallée (f) *Tal*
vanille (f) *Vanille*
veau (m) *Kalbfleisch*
végétarien, -ne *Vegetarier, vegetarisch*
veine (f) *Ader*
vélo (m) *Fahrrad*
vendanges (f/pl) *Weinlese*
vendre *verkaufen* **79**
vendredi *Freitag*
venir *kommen*
vent (m) *Wind* **93**
vente (f) *Verkauf*
ventre (m) *Bauch*
ver à soie (m) *Seidenraupe*
vérité (f) *Wahrheit*
vermine (f) *Ungeziefer*
verre (m) *Glas* **57**
verrouillage centralisé (m) *Zentralverriegelung*
vers *gegen*
vert *grün*
vessie (f) *Blase*
vêtements (m/pl) *Kleidung* **75**
viande (f) *Fleisch* **61**
victime (f) *Opfer*
vidange (f) *Ölwechsel*
vide *leer*
vie (f) *Leben*
vieillir *altern*
vieux, vieille *alt*
village (m) *Dorf*
ville (f) *Stadt* **25, en pleine -** *direkt in der Stadt*
vin (m) *Wein*, **- rouge** *Rotwein* **61**
vinaigre (m) *Essig* **71**
vingtaine (f) *ca. 20*
violent *gewaltig, gewalttätig*
violon (m) *Geige*
virage (m) *Kurve*
virer <> *rausschmeißen*
vis (f) *Schraube*
visage (m) *Gesicht*
visite (f) *Besichtigung*, **- de la ville (f)** *Stadtbesichtigung*
visiter *besuchen, besichtigen*
vite *schnell*
vitesse (f) *Gang (techn.)*
vivre *leben, erleben*
voilà *hier ist (sind)* **43**
voir *sehen*
voisin, -e *Nachbar*
voiture (f) *Wagen* **97**
vol (m) *Diebstahl*
vol (avion) (m) *Flug*
volailles (f/pl) *Geflügel*
volant (m) *Lenkrad*

voler *fliegen, klauen*
volontiers *gerne*
voudrais, je - *ich hätte gerne* **39**
vouloir *wollen,* **- dire** *meinen*
vous avez *Sie haben, ihr habt* **35**
vous avez mal? *haben Sie Schmerzen?* **97**
vous pouvez ...? *können Sie ...?* **97**
voyage (m) *Reise*
voyager *reisen*
vrai *echt*
vraiment *wirklich, echt*
vue (f) *Sicht*
vulgaire *ordinär*

W

WC (m) *Toilette* **35**
week-end (m) *Wochenende*

Y

y *dort, daran*
yaourt (m) *Joghurt*

Z

zone piétonne (f) *Fußgängerzone*
zut *Mist* **43**

Wörterbuch

Dieses Wörterbuch beinhaltet rund 2000 französische Wörter und Wendungen. Es gilt zu beachten:

Stark umgangssprachliche Wendungen sind mit einem **<>** gekennzeichnet.

Männliche Hauptwörter sind mit **(m)**, weibliche mit **(f)**, Hauptwörter in der Mehrzahl mit **(pl)** gekennzeichnet.

Die Zahlen geben an, auf welcher Seite die im Buch vorkommenden Wörter eingeführt werden.

Deutsch – Französisch

A

Abend *soir (m), soirée (f),* **-essen** *dîner (m),* **guten -** *bonsoir* **17**
Abenteuer *aventure (f)*
aber *mais* **43**
abfahren *partir* **39**
Abfahrt *départ (m)*
Abfall *déchet (m)*
Abflug *départ (m)*
Abführmittel *laxatif (m)*
abhängen *décrocher*
abhauen *se casser* <>
abholen *chercher, aller -*
Abitur *bac, baccalauréat (m),* **- machen** *passer le bac*
ablehnen *refuser*
abnehmen (Hörer) *décrocher*
Abonnement *abonnement (m)*
Abschleppdienst *service de dépannage (m)*
abschließen *terminer, fermer*
Abschluß *diplôme (m)*
Absender *expéditeur (m)*
Absicht *intention (f)*
absichtlich *exprès*
Abteil *compartiment (m),* **-ung (Kaufhaus)** *rayon (m)* **75**
abwechseln *changer*
abwesend *absent*
Achtung *attention (f)*
Ader *veine (f)*
Adjektiv *adjectif (m)*
Affe *singe (m)*
Agent *agent (m)*
Agentur *agence (f)*
Ägypten *Égypte (f)*
Aids *sida (m)*
Akte *dossier (m)*
aktiv *actif, active*
aktuell *actuel*
Akzent *accent (m)*
akzeptieren *accepter*
Alkohol *alcool (m)*
Allee *allée (f)*
allein *seul, -e* **21**
alles *tout*
Allgemeinen, im - *en général*
Alptraum *cauchemar (m)*
als *comme*
also *alors, donc* **43**
alt *ancien, vieux, vieille,* **ältere Menschen** *personnes âgées (f/pl)*
Alter *âge (m)* **89**
altern *vieillir*

Amerika *Amérique (f)*
Amerikaner *Américain*
Amerikanerin *Américaine*
amerikanisch *américain, -e*
Ampel *feu rouge (m)* **97**
Amt *bureau (m)* **21**
amüsieren, sich *s'amuser*
Ananas *ananas (m)*
anbieten *offrir*
anderer *autre*
ändern *changer*
anders *autrement*
Anfall *crise (f)*
Anfang *début (m)*
anfangen *commencer*
Anfänger/-in *débutant, -e*
Angebot *offre (f)*, **Stellen-** *offre d'emploi*
angebrannt *brûlé,-e*
angeln *pêcher*, **- gehen,** *aller à la pêche*
angenehm *agréable*
Angestellte, -r *employé, -e*, **leitender -** *cadre (m)*
angreifen *saisir*
Angst *angoisse (f), peur (f)*
anhalten *arrêter*
ankommen *arriver* **43**
Ankunft *arrivée (f)*
anlächeln *sourire*
Anleitung *instruction (f)*
anmachen *allumer*, **(eine Person)** *draguer <>*
anmelden *inscrire*
Anmeldung *inscription (f)*
anprobieren *essayer* **75**
Anrufbeantworter *répondeur (m)*
anrufen *appeler, téléphoner*
Anschrift *adresse (f)*
ansteckend *contagieux*
Anstrengung *effort (m)*
Anteil *part (f)*
Antibabypille *pilule (f)*
Antiquitäten *antiquités (f/pl)*
antworten *répondre*
anwesend *présent, -e*
Anwesenheit *présence (f)*
Anzeige *annonce (f)*
anziehen *habiller, mettre*
Anzug *costume (m)*
anzünden *allumer*
Aperitif *apéritif (m)*
Apfel *pomme (f)*
Apotheke *pharmacie (f)*, **-r** *pharmacien*
Apparat *appareil (m)*, **am -** *au bout du fil*
Appetit *appétit (m)*, **guten -** *bon appétit*
Aprikose *abricot (m)*
April *avril*
Araber *Arabe (f/m)*
arabisch *arabe*
Arbeit *travail (m), boulot (m) <>*, **-er** *ouvrier (m)*, **-geber** *patron (m)*, **-nehmer** *travailleur (m)*, **-sloser** *chômeur (m)*, **-slosigkeit** *chômage (m)*, **-splatz** *emploi (m)*
arbeiten *travailler, bosser <>* **21**
arbeitslos sein *chômage, être au -*
Arbeitsplatz *poste de travail(m), emploi (m)*
Architekt *architecte (f/m)*
Argentinien *Argentine (f)*
Argument *argument (m)*
arm *pauvre*
Armee *armée (f)*
Armut *pauvreté (f)*
arrangieren *arranger*
arrogant *arrogant*
Art *genre (m)*
Artikel *article (m)*
Artischocke *artichaut (m)*
Arzt *docteur (m)* **21**
Aschenbecher *cendrier (m)* **53**
Aspirin *aspirine (f)* **97**
Ast *branche (f)*
atmen *respirer*
Atmosphäre *atmosphère (f)*
Atom *atome (f)*
attraktiv *séduisant, -e, craquant <>*
Aubergine *aubergine (f)*
auch *aussi* **21, nicht -** *non plus*
auf *sur* **43**
aufbewahren *conserver*
aufbleiben *rester debout*
Aufbruch *départ (m)*
aufdecken *dévoiler*
Aufenthalt *séjour (m)*
aufgeweckt *éveillé, -e*
aufhören zu *arrêter de*
auflegen *raccrocher*
aufmachen *ouvrir*
aufmerksam *attentif*
aufpassen *faire attention*
aufrichtig *sincère*
aufstehen *se lever*
aufstellen *placer, poser*
aufwachen *se réveiller*
aufziehen *élever*
August *août*
Ausbildung *formation (f)*
Ausdruck *expression (f)*
Ausfahrt *sortie (f)*
ausflippen *flipper, craquer <>*
Ausflug *excursion (f)*
ausfüllen *remplir*
Ausgang *sortie (f)*
ausgehen *sortir*
ausgezeichnet *excellent, -e*
aushalten *supporter*
Auskunft *information (f), renseignement (m)*
Ausland *étranger (m)*
Ausländer *étranger, -ère* **79**
Auslieferung *livraison (f)*
ausmachen *fermer*

Ausnahme *exception (f)*
ausnutzen *exploiter*
Auspuff *pot d'échappement (m)*
ausreichen *avoir assez;* **-d** *suffisant*
ausschimpfen *gronder*
Ausschlag (Haut-) *éruption (f)*
aussehen *avoir l'air*
Aussehen *look (m), physique (m)*
Außenspiegel *rétroviseur (m)*
außer *à part, sauf,* **-dem** *à part,* **-halb** *à l'extérieur*
Aussicht *perspective (f)*
aussteigen *descendre*
Ausstellung *exposition (f)*
aussuchen *choisir*
Austausch *échange (m)*
Auster *huître (f)*
austoben, sich - *s'éclater* <>
ausüben *exercer*
auswählen *choisir*
Auswanderer *émigrant (m)*
Auswanderin *émigrante (f)*
ausweichen *détourner*
Ausweis *pièce d'identité (f)*
Auszug *extrait (m)*
Auto *voiture (f), bagnole (f)* <>, **-bahn** *autoroute (f),* **-schlange** *file de voitures (f),* **-verleih** *location de voitures (f),* **-werkstatt** *garage (m)* **97**
automatisch *automatique*
Autor *auteur (m)*

B

backen *cuire*
Bäckerei *boulangerie (f)*
Bad *bain (m)*
Badeanzug *maillot de bains (m)*
Bahnhof *gare (f)* **39**
bald *bientôt* **17**
Balkon *balcon (m)*
Bank *banque (f)*
Bart *barbe (f)*
basteln *bricoler*
Batterie *batterie, pile (f)*
Bauch *ventre (m),* **-weh** *mal au ventre (m)* **97**
bauen *construire*
Bauer *paysan (m)*
Bauernhof *ferme (f)*
Baum *arbre (m)*
Baumwolle *coton (m)*
Baustelle *chantier (m)*
Beauftragter *agent (m)*
bedanken, sich - *remercier*
bedauern *regretter*
bedenken *remarquer*
bedeuten *vouloir dire*
bedienen *servir*
Bedingung *condition (f)*
bedrohen *menacer*
beeilen, sich *se dépêcher*
beenden *finir, terminer*
Befehl *ordre (m)*
befinden, sich *se trouver*
befördert *promu*
Begegnung *rencontre (f)*
beginnen *commencer*
behalten *garder*
bei *chez*
Bein *jambe (f)*
Beispiel *exemple (m)*
beißen *croquer*
bejahen *approuver*
beklagen, sich *se plaindre*
bekommen *recevoir*
belästigen *ennuyer*
Beleidigung *injure (f)*
Belgien *Belgique (f)*
Belgier, -in *Belge*
belügen *mentir*
Benachrichtigung *information (f)*
benehmen, sich *se comporter*
benützen *utiliser*
Benzin *essence (f),* **-verbrauch** *consommation d'essence (f)*
bequem *commode,* **es sich - machen** *se mettre à l' aise*
bereit *prêt, -e*
bereuen *regretter*
Berg *montagne (f),* **-steigen** *alpinisme (m)*
berücksichtigen *considérer*
Beruf *profession (f),* **-serfahrung** *expérience (f) professionnelle*
beruhigen *calmer*
Beruhigungsmittel *tranquillisant (m)*
berühmt *célèbre*
beschädigen *endommager*
beschäftigt sein *occupé, être -*
Bescheid sagen *prévenir,* **- wissen** *être au courant*
beschleunigen *accélérer*
Beschleunigung *accélération (f)*
beschreiben *décrire*
Beschwerde *plainte (f)*
besetzen *occuper*
besetzt *occupé, -e* **39**
besichtigen *visiter*
Besichtigung *visite (f)*
Besitzer *propriétaire (m/f)*
besonders *en particulier*
Besprechung *réunion (f)*
besser *mieux, meilleur, -e,* **es ist -** *il vaut mieux*
Besteck *couvert (m)*

bestellen *commander*
Bestellung *commande (f)*
bestimmt *certainement*
bestrafen *punir*
besuchen *visiter*
Betrag *montant (m)*
Betrieb *entreprise (f)*
betrügen *tromper*
betrunken *ivre*
Bett *lit (m),* **großes -** *grand lit (m)* **35, ins - gehen** *se coucher*
betteln *mendier, faire la manche* <>
beunruhigen *inquiéter*
Bevölkerung *population (f)*
bewegen *bouger*
Bewerbung *candidature (f),* **-sschreiben** *lettre de candidature*
bewirtschaften *exploiter*
bewölkt *nuageux*
Bewusstsein *conscience (f)*
bezahlen *payer*
Bier *bière (f),* **gezapftes -** *pression (f)* **57**
Bild *image (f)*
billig *bon marché*
Birne *poire (f)*
bis *jusque, jusqu'à* **43, - bald** *à bientôt* **17, - morgen** *à demain* **17, - später** *à tout à l' heure*
bisschen, ein - *un peu (m)* **61**
Bitte *prière (f)*
bitte! *s'il vous plaît!* **25**
bitten *demander*
Blase *vessie (f)*
blau *bleu, -e*
bleifrei *sans plomb*
blind *aveugle*
Blinddarmentzündung *appendicite (f)*
Blitz(strahl) *foudre (f),* **-licht** *éclair (m)*
Block *bloc (m)*
Blödsinn *idiotie (f), connerie (f)* <>
blond *blond,-e*
Blume *fleur (f)*
Bluse *chemisier (m)*
Blut *sang (m),* **-druck** *tension artérielle (f)*
bluten *saigner*
Boden *sol (m)*
Bohne *haricot (m)*
Bord *bord (m)*
Börse *bourse (f)*
Botschaft *ambassade (f)*
Brand *incendie (m)*
braten *griller*
brauchen *avoir besoin*
braun werden *bronzer*
Brechreiz *nausée (f)*
breit *large*
Bremse *frein (m)*
bretonisch *breton, -ne*
Brief *lettre (f),* **-kasten** *boîte aux lettres (f),* **-marke** *timbre (m)* **79, -träger** *facteur (m)*
Brille *lunettes (f/pl),* **seine - aufsetzen** *mettre ses lunettes*
bringen *apporter*
Brot *pain (m)* **53, Vollkorn-** *pain complet,* **Roggen-** *pain de seigle* **71**
Bruch *rupture (f)*
Brücke *pont (m)*
Bruder *frère (m)*
Brust *poitrine (f)*
brut *brut*
Buch *livre (m), bouquin* <> *(m)*
Bucht *baie (f)*
bügeln *repasser*
Büro *bureau (m)* **21**
Bus *bus (m), car (m)* **43**
Butter *beurre (m)* **53**

C

Café *café (m), cafétéria (f)*
Cafeteria *café (m), cafétéria (f)*
Campingplatz *camping (m)* **43**
CD *compact (m)*
Champagner *Champagne (m)*
Chance *chance (f)*
Chile *Chili (m)*
Cidre *cidre (m)*
Computer *ordinateur (m)*
Creme *crème (f)*
Croissant *croissant (m)*

D

da *puisque*
dagegen *par contre*
damals *à l'époque*
Damenbinde *serviette hygiènique (f)*
danach *ensuite*
dank *grâce à*
danke *merci* **17**
danken *remercier*
dann *puis, alors, ensuite* **43**
Darm *intestin (m)*
das *ça,* **- heißt** *c'est-à-dire,* **- ist alles** *c'est tout* **97**
dass *que*
Datum *date (f)*
davor *avant*
dazu *en plus*
Decke *couverture (f)*
defekt *défectueux*
denken *penser*
dennoch *pourtant*
Depression *déprime (f)*
deren *dont*
dessen *dont*
Deutsche/-r *Allemand, -e* **21**

Deutschland *Allemagne (f)* **21**
Devisen *devises (f/pl)*
Dezember *décembre*
Diagnose *diagnostic (m)*
Diät *régime (m)*
dick *gros, -se*
Diebstahl *vol (m)*
Dienst *service (m),* **notärztlicher -** *service des urgences (m)*
Dienstag *mardi*
Diesel bleifrei *gazole sans plomb (m)*
dieselbe *la même*
Ding *truc (m)* <>
direkt *direct, juste*
Disko *boîte de nuit (f), discothèque (f)*
diskutieren *discuter*
doch *si*
Doktor *docteur (m)* **21**
Dolmetscher *interprète (m/f)*
Dom *cathédrale (f)*
Donnerstag *jeudi*
doof *bête*
Dorf *village (m)*
dort *là-bas*
Dose *boîte (f)*
Dosenöffner *ouvre-boîte (m)*
Drama *drame (m)*
drängen *pousser*
draußen *dehors*
dreckig *sale*
drehen *tourner*
drei *trois*
dringend *urgent, -e*
Dritte Welt *Tiers monde (m)*
drücken *pousser*
Drucksache *imprimé (m)*
du *tu,* **(betont)** *toi* **21**
dufte *chouette*
dunkel *sombre, foncé, -e*
dünn *mince*
Durchfall *diarrhée (f)*
durchlaufen *parcourir*
Durchschnitt, im - *en moyenne*
dürfen *pouvoir*
Durst *soif (f)*
Dusche *douche (f)* **35**
duschen, sich *se doucher*
Dutzend *douzaine (f)*
duzen *tutoyer*

E

eben *justement*
echt *vrai, vraiment*
Ecke *coin (m)*
Egoist *égoïste (f/m)*
Ehe *couple (m),* **-krach** *scène de ménage (f),* **-frau** *femme (f),* **-mann** *mari (m)* **89**
eher *plutôt*
Ehre *honneur (m)*
Ei *œuf (m)*
Eifersucht *jalousie (f)*
eifersüchtig *jaloux, -se*
eigentlich *en réalité*
Eilbrief *lettre exprès (f)*
eilig *pressé, -e*
eincremen, sich - *se mettre de la crème*
einfach *simple,* **(Hinfahrt)** *aller simple (m)*
einigen, sich *se mettre d'accord*
Einkäufe *courses (f/pl)*
Einkaufen *achat (m)*
einladen *inviter*
Einladung *invitation (f)*
Einsamkeit *solitude (f)*
einschreiben *inscrire*
Einschreiben, per - *en recommandé*
einstellen *embaucher*
Einstellungsgespräch *entretien d'embauche (m)*
eintreten *entrer*
Eintrittskarte *billet (m)* **39**
einverstanden *d'accord* **35**
einwickeln *envelopper*
Einwohner/-in *habitant, -e*
Eis *glace (f)* **93, -würfel** *glaçons (m/pl)* **57**
Eisenbahn *chemin de fer (m)*
elegant *élégant, -e*
Ellbogen *coude (m)*
Eltern *parents (m/pl)*
empfangen *recevoir*
empfehlen *recommander*
Ende *fin (f), bout (m)*
endlich *enfin*
eng *serré, -e*
engagieren, sich *s'investir*
England *Angleterre (f)*
Engländer/-in *Anglais, -e*
entdecken *découvrir*
Entfernung *distance (f)*
entscheiden *décider*
Entscheidung *décision (f)*
entschuldigen *excuser*
Entschuldigung *excuse (f), pardon (m)* **25**
entsprechen *correspondre à*
Enttäuschung *déception (f)*
entwerten *composter*
Entwicklung *développement (m)*
er *il,* **(betont)** *lui*
Erdbeere *fraise (f)*
Erde *terre (f)*
Erdgeschoss *rez-de-chaussée (m)*
Ereignis *événement (m)*
Erfahrung *expérience (f)*
erfinden *inventer*
Erfolg haben *réussir*
Ergebnis *résultat (m)*
erhalten *obtenir, recevoir*
Erholung *repos (m)*
erinnern, sich - *se rappeler*

Erinnerung *souvenir (m)*
Erkältung *rhume (m)*
erklären *expliquer*
erlauben *autoriser, permettre*
erleben *vivre*
Ermäßigung *réduction (f)*
ermüden *fatiguer*
ernähren *nourrir*
ernsthaft *sérieux*
Ernte *récolte (f)*
erreichen *atteindre, réussir*
erscheinen *paraître*
Ersparnisse *économies (f/pl)*
erstaunlich *étonnant*
erste Hilfe *premier secours (m)*
erste/-r *premier, première* **39**
ertragen *supporter*
erzählen *raconter*
Espresso *express (m)*
essen *manger* **57, zu Mittag -** *déjeuner*
Essen *repas (m), bouffe (f)* <>
Essig *vinaigre (m)* **71**
etwas *quelque chose*
existieren *exister*

F

Fabrik *usine (f)*
fade *fade*
fähig *capable*
fahren *aller, rouler*
Fahrer *chauffeur (m)*
Fahrkarte *billet (m)* **39**
Fahrrad *vélo (m), bicyclette (f)* **93**
Fahrschein *ticket (m)*
Fahrstuhl *ascenseur (m)* **35**
Fakultät *fac, faculté (f)*
Fall *cas (m),* **auf jeden -** *en tout cas, de toute façon*
fallen *tomber*
falsch *faux, fausse*
Familie *famille (f)* **89**
fangen *attraper*
Farbe *couleur (f)* **75**
Farbfilm *pellicule-couleurs (f)*
fast *presque*
faul *paresseux, -se*
faulenzen *avoir la flemme* <>
Fax *fax (m), télécopie (f)*
Februar *février*
fehlen *manquer*
Fehler *erreur (f), faute (f)*
feiern *faire la fête*
Feiertag *jour férié (m)*
Feige *figue (f)*
Feind *ennemi, -e*
Fels *rocher (m)*
Fenster *fenêtre (f)*
Ferien *vacances (f/pl)* **21**
Ferngespräch *communication interurbaine (f)*
Fernsehen *télé(vision) (f)*
Fernseher *téléviseur (m)*
fertig *prêt*
Fest *fête (f)*
festhalten *retenir*
feucht *humide*
Feuer *feu (m)* **97, - machen** *faire du feu*
Feuerzeug *briquet (m)* **79**
Fieber *fièvre (f)*
Filter *filtre (m)* **79**
finanzieren *financer*
finden *trouver*
Finger *doigt (m)*
Firma *entreprise (f), boîte (f)* <>
Fisch *poisson (m)* **75, -geschäft** *poissonnerie (f)*
fix und fertig *crevé* <>
Fläschchen *flacon (m)*
Flasche *bouteille (f)* **57**
Fleisch *viande (f)* **61**
flexibel *flexible*
fliegen *voler*
Flug *vol (m),* **-hafen** *aéroport (m),* **-zeug** *avion (m)* **43**
Flur *couloir (m)*
Fluss *rivière (f)*
flüssig *liquide*
Föhn *séchoir à cheveux (m)*
Folge *suite (f)*
folglich *donc*
Forelle *truite (f)*
Form, in - *en forme (f)*
Fortbildung *formation (f)*
fortführen *continuer*
Fortschritt *progrès (m)*
Fotoapparat *appareil-photo (m)*
Frage *question (f),* **in - stellen** *mettre en question (f)*
fragen *demander, questionner*
Franzose *Français (m)* **21**
Französin *Française (f)* **21**
Frau *femme (f), (Anrede) Madame* **17**
Fräulein *Mademoiselle* **17**
frei *libre* **35**
Freiheit *liberté (f)*
Freitag *vendredi*
Freizeit *loisirs (m/pl)*
fremdgehen *tromper*
freudig *joyeux, -se*
freuen, sich - über *être content de*
Freund *ami (m), copain (m)* **21**
Freundin *amie (f), copine (f)*
Freundlichkeit *amabilité (f)*
Freundschaft *amitié (f)*

Friedhof *cimetière (m)*
frisch *frais, fraîche*
Friseur *coiffeur (m)*
fröhlich *joyeux, -se*
Frosch *grenouille (f)*
Frucht *fruit (m)*
früh *tôt,* **-er** *autrefois*
Frühling *printemps (m)*
Frühstück *petit déjeuner (m)* **35**
fühlen *sentir*
führen *conduire, mener*
Führerschein *permis de conduire (m)*
für *pour* **35**
fürchterlich *affreux, -se*
Fuß *pied (m)*
Fußball *foot (m)*
Fußgängerzone *zone piétonne (f)*

G

Gabel *fourchette (f)*
Galerie *galerie (f)*
Gang (beim Essen) *plat (m),* **(mechan.)** *vitesse (f),* **in - bringen** *mettre en marche*
ganz und gar *tout à fait*
Garten *jardin (m)*
Gasthof *auberge (f)*
Gattung *espèce (f)*
Gebäude *immeuble (m)*
geben *donner,* **es gibt** *il y a* **43**
Gebet *prière (f)*
geboren *né, -e,* **- werden** *naître*
Geburtsdatum *date de naissance (f)*
Geburtstag *anniversaire (m)*
Gedächtnis *mémoire (f)*
Geduld *patience (f)*
Gefahr *danger (m)*
gefährlich *dangereux* **93**
gefallen *plaîre,* **gefällt es Ihnen?** *ça vous plaît?,* **es gefällt mir** *ça me plaît* **89**
Gefängnis *prison (f)*
Geflügel *volailles (f/pl)*
Gefühl *sentiment (m)*
gefüllt *farci, -e*
gegen *contre, vers*
Gegend *région (f)*
gegenüber *en face*
Gegenwart *temps présent (m)*
Gegrilltes *grillades (f/pl)*
Geheimnis *secret (m)*
Geheimzahl *code secret (m)* **25**
gehen *aller,* **entlang-** *longer,* **geht es dir gut?** *tu vas bien?,* **es geht** *ça va* **17**
gehorchen *obéir*
gehören zu *appartenir à, faire partie de*
Geige *violon (m)*
gelb *jaune*
Geld *argent (m), fric <> (m),* **- einbringen** *rapporter*
Geldschein *billet (m)* **39**
Gelegenheit *occasion (f)*
gelockt *frisé, -e*
Gemälde *tableau (m)*
Gemeinde *commune (f)*
gemeinsam *commun*
Gemüse *légumes (m/pl)* **61**
genau *exact, -e, -ement,* **-so viel** *autant*
genervt *énervé, -e*
genial *génial, -e*
genug *assez*
geöffnet *ouvert* **43**
Gepäck *bagages (m/pl)* **35, -aufbewahrung** *consigne (f)*
gerade *justement,* **-aus** *tout droit* **97**
Gericht *tribunal (m)*
gerne *volontiers*
Geruch *odeur (f)*
gesalzen *salé, -e*
Geschäft *affaire (f)*
Geschenk *cadeau (m)*
Geschichte *histoire (f)*
geschickt *malin, -e*
Geschlecht *sexe, genre (m)*
geschlossen *fermé, -e* **43**
Geschmack *goût (m)*
geschwätzig *bavard, -e*
Geschwindigkeit *vitesse (f),* **-sbegrenzung** *limitation de vitesse (f)*
geschwollen *enflé*
Gesellschaft *société (f), compagnie (f),* **- leisten** *tenir compagnie*
Gesetz *loi (f)*
Gesicht *visage (m)*
Gespräch *conversation (f),* **-spartner** *correspondant, -e*
gestern *hier* **89, - Abend** *hier soir*
gestreift *rayé, -e*
gestresst *stressé, -e*
gesund *sain, -e*
Gesundheit *santé (f)*
Getränk *boisson (f)* **61**
Getriebe *boîte de vitesses (f)*
gewaltig *violent, -e*
gewalttätig *violent*
Gewerkschaft *syndicat (m)*
Gewicht *poids (f/m)*
gewinnen, *gagner*
gewiss *certain, -e*
Gewitter *orage (m)*
gewöhnen, sich - an *s'habituer à*
Gewohnheit *habitude (f)*
gewöhnlich *ordinaire*
gezuckert *sucré, -e*
Gitarre *guitare (f)*

Glas *verre (m)* **57**
glauben *croire*
gleich *égal, -e; pareil, -le*
Gleis *quai (m)* **39**
Glück *bonheur (m), chance (f),* **-wünsche** *souhaits (m/pl)*
glücklich *heureux, -se,* **-erweise** *heureusement*
Glühbirne *ampoule (f)*
Gold *or (m)*
Gott *Dieu (m)*
Gramm *gramme (m)*
grässlich *monstrueux, -se*
grau *gris, -e*
Grieche *Grec*
Griechenland *Grèce (f)*
Griechin *Grecque*
Grippe *grippe (f)*
groß *grand, -e* **53**
Größe *taille (f)* **75**
Großmarkt *hypermarché (m)*
Großmutter *grand-mère (f)*
großzügig *généreux, -se*
grün *vert, -e*
Grund, aus diesem - *pour cette raison (f)*
gründen *créer*
Grundstück *terrain (m)*
Gruppe *groupe (m)*
grüßen *saluer*
gültig *valable*
Gurke *concombre (m)*
Gürtel *ceinture (f)*
gut *bien* **79**, *bon, bonne* **71**, **- drauf** *en forme*
Gymnasium *lycée (m)*

H

Haarschnitt *coupe (f)*
haben *avoir*
Hafen *port (m),* **Yacht-** *port de plaisance*
Hahn *coq (m)*
Hähnchen *poulet (m)*
Hälfte *moitié (f)*
hallo *salut!* **17**, *(am Telefon) allô*
Hals *cou (m)*
halten *tenir*
Haltestelle *arrêt (m)* **43**
Hammer *marteau (m)*
Hand *main (f),* **-bremse** *frein à main (m)*
handeln *agir,* **sich - um** *s'agir de*
Handlung *action (f)*
Handschuh *gant (m)*
Handtuch *essuie-mains (m)*
Handwerker *artisan (m)*
hart *dur, -e*
Haselnuss *noisette (f)*
hassen *détester*
hässlich *laid, -e; moche*
häufig *fréquemment*
hauptsächlich *principalement*
Hauptstadt *capitale (f)*
Haus *maison (f)*
Haut *peau (f)*
Heft *cahier (m)*
heilig *sacré, -e*
Heiligabend *Réveillon (m)*
heiraten *se marier*
heißen *s'appeller* **21**
Heizung *chauffage (m)*
helfen *aider*
hell *clair, -e*
Hemd *chemise (f)*
herausziehen *arracher*
Herbst *automne (m)*
Herde *troupeau (m)*
Herr *Monsieur* **17**
Herz *coeur (m),* **-infarkt** *infarctus (m),* **-klopfen** *battement de cœur (m)*
heute *aujourd'hui* **43**
hier *ici,* **- ist (sind)** *voilà* **43**
Hilfe *aide (f)*
Himbeeren *framboises (f/pl)* **71**
Himmel *ciel (m),* **unter freiem -** *en plein air*
hin und zurück (Rückfahrkarte) *aller et retour (m)* **39**
hinausgehen *sortir*
hinauswerfen *metre à la porte (f)*
hinstellen *poser*
hinter *derrière*
hinzufügen *ajouter*
Hitze *chaleur (f)*
Hochsaison *en pleine saison*
Hochzeit *mariage (m)*
hoffentlich *espérons!*
Hoffnung *espoir (m)*
höflich *poli, -e*
Holland *Pays-Bas (m/pl)*
holländisch *hollandais, -e*
Hölle *enfer (m)*
Holz *bois (m)*
Honig *miel (m),* **-melone** *melon (m)* **71**
hören *entendre, écouter*
Hörnchen *croissant (m)*
Hose *pantalon (m)*
Hotel *hôtel (m),* **-verzeichnis** *liste des hôtels (f)* **43**
hübsch *joli, -e* **75**
Hüfte *hanche (f)*
Humor *humour (m)*
Hund *chien (m)*
Hunger *faim (f)*
Husten *toux (f)*
Hut *chapeau (m)*

I

ich *je, (betont) moi*
Idee *idée (f)*
idiotisch *débile*
ihr *vous*
immer *toujours*

impfen *vacciner*
improvisieren *improviser*
in *à (Ort), en, dans* **21**
inbegriffen *compris*
Indien *Inde (f)*
indiskret *indiscret, -e*
Information *information (f)*
informieren *mettre au courant*
Ingenieur *ingénieur (m)*
Injektion *injection (f)*
Insekt *insecte (m)*
Insel *île (f)*
Instrument *instrument (m)*
intellektuell *intellectuel, -le*
intelligent *intelligent, -e*
Interesse *intérêt (m)*
interessieren *intéresser*
investieren *investir*
irgend(ein) *quelque,* **-was** *quelque chose* **57, -wo** *quelque part*
irisch *irlandais, -e*
Irland *Irlande (f)*
Irrtum *erreur (f)*
isoliert *isolé*
Italien *Italie (f)*
Italiener *Italien (m)*
Italienerin *Italienne (f)*
italienisch *italien, -ne*

J

ja *oui* **17**
Jahr *an (m), année (f)*
Jahrhundert *siècle (m)*
Januar *janvier*
jeder *chaque*
jemand *quelqu'un*
jetzt *maintenant*
Jogging *footing (m)*
Joghurt *yaourt (m)*
Journalist *journaliste (m/f)*
Jude *Juif (m)*
Jüdin *Juive (f)*
Jugend *jeunesse (f),* **-herberge** *auberge de jeunesse (f)* **43, -licher** *adolescent, -e*
Juli *Juillet*
jung *jeune*
Junge *garçon (m)*
Juni *Juin*

K

Kabeljau *cabillaud (m)* **75**
Kabine *cabine (f)*
Kaffee *café (m)* **53**
Kalbfleisch *veau (m)*
Kalender *agenda (m)*
kalt *froid*
Kamin *cheminée (f)*
Kamm *peigne (m)*
Kampf *lutte (f)*
kämpfen *lutter*
Kanal *canal (m)*
Kaninchen *lapin (m)*
kaputt *foutu* <>
Karaffe *carafe (f)* **61**
Karamellpudding *crème caramel (f)* **61**
Karriere *carrière (f)*
Kartoffeln *pommes de terre (f/pl)* **71**
Käse *fromage (m)* **53**
Kasse *caisse (f)*
Kassette *cassette (f)*
Kastanienbaum *châtaignier (m)*
Katalysator *pot catalytique (m)*
Katze *chat (m)*
kaufen *acheter* **75**
Kehle *gorge (f)*
Keilriemen *courroie de transmission (f)*
kein/-e *aucun, -e*
keine Ahnung *aucune idée (f)*
Kellner *serveur (m)*
kennen *connaître,* **- lernen** *faire connaissance*
Kerl *type (m)*
Kern *noyau (m)*
Kerze *bougie (f)*
Kette *collier (m), chaîne (f)*
Kiefer *mâchoire (f)*
Kilo *kilo (m)* **71**
Kilometer *kilomètre (m)* **97**
Kind *enfant (m/f)* **89**
Kino *cinéma (m), ciné (m)* <>
Kirche *église (f)*
Kirsche *cerise (f)*
Kissen *oreiller (m)*
klar *évidemment, évident, -e*
klarkommen *se débrouiller*
klauen *voler*
Klavier *piano (m)*
Klebeband *papier collant (m)*
kleben *coller*
Kleid *robe (f)*
Kleidung *vêtements (m/pl)* **75**
klein *petit, -e* **75**
Klimaanlage *climatisation (f)*
klingeln *sonner*
Kloster *monastère (m)*
Knoblauch *ail (m)* **71**
Knöchel *cheville (f)*
Knochen *os (m)*
Knopf *bouton (m)*
Koch *cuisinier (m)*
kochen *cuire, cuisiner*
Köchin *cuisinière (f)*
koffeinfrei *déca(féiné) (m)*
Koffer *valise (f)*
Kollege *collègue (m, f)*
Kolumbien *Colombie (f)*
komisch *comique*

kommen *venir*, **es kommt darauf an** *ça dépend*
Kommunikation *communication (f)*
kompliziert *compliqué, -e*
Kompromiss *compromis (m)*
Konditorei *pâtisserie (f)*
König *roi (m)*
Konkurs machen *faire faillite*
können *pouvoir*
Konsulat *consulat (m)*
Kontakt *contact (m)*
Konto *compte (m)*
Kontrolleur *contrôleur (m)*
Kopf *tête (f)*, **-schmerzen** *mal à la tête (m)* **97**
Kopfsalat *laitue (f)*
Korb *panier (m)*
Körper *corps (m)*
kosten *coûter* **35**
kostenlos *gratuit, -e*
köstlich *délicieux, -se*
Krach *bruit (m)*
Kraft *force (f)*
Krampf *crampe (f)*
krank *malade*
Krankenhaus *hôpital (m)* **97**
Krankenschwester *infirmière (f)*
Krankheit *maladie (f)*
kratzen *gratter*
Krawatte *cravate (f)*
Kredit *crédit (m)*, **-karte** *carte de crédit (f)* **25**
Kreuzfahrt *croisière (f)*
Kreuzung *carrefour (m)*
Krieg *guerre (f)*
Krug *pichet (m)*
Küche *cuisine (f)*
Kugelschreiber *stylo-bille (m)*
Kuh *vache (f)*
kümmern, sich - um *s'occuper de*
Kumpel *pote (m) <>*
Kunde/-in *client, -e*
Kunst *art (m)*
Kupplung *embrayage (m)*
Kurve *virage (m)*
kurz *court, -e*
küssen *s'embrasser*
Küste *côte (f)*, **-gebiet** *littoral (m)*
Kuss *bisou (m), baiser (m)*

L

lachen *rire, rigoler*
lächerlich *ridicule*
laden *charger*
Lamm *agneau (m)*
Land *campagne (f), pays (m)*, **-schaft** *paysage (m)*, **-straße** *route (f)*, **-karte** *carte de la région (f)* **79**
Landung *atterrissage (m)*
lang *long, longue*, **-e (Zeit)** *longtemps*, **-sam** *doucement, lentement* **25**
langweilig *ennuyant, -e*
Lärm *bruit (m)*
lassen *laisser*
Lateinamerika *Amérique latine (f)*
Lauch *poireau (m)*
laufen *marcher* **97**
Laune *humeur (f)*, **gute - haben** *être de bonne humeur*
laut *bruyant, -e*
leben *vivre*
Leben *vie (f)*, **-slauf** *CV (curriculum vitae) (m)*, **-smittel** *produit alimentaire (m)*
Leber *foie (m)*
Leder *cuir (m)*
ledig *célibataire*
leer *vide*
Lehrer *enseignant (m), professeur (m)*
Lehrgang *stage (m), séminaire (m)*
Leid *peine (f)*
Leid tun *regretter* **57**, **es tut mir -** *je suis ésolé* **75**
leider *hélas*
leihen *prêter*
Leinen *toile (f)*
leistungsfähig *performant, -e*
Leiter *directeur (m)*
Leiterin *directrice (f)*
Lenkrad *volant (m)*
Lenkung *direction (f)*
lernen *apprendre*
lesen *lire*
Leser *lecteur (m)*
letzter *dernier, -ère*
Leute *gens (pl)*, **alle -** *tout le monde*
Licht *lumière (f)*, **-schalter** *interrupteur (m)*
liebe/-r *cher, chère* **35**
lieben *aimer* **93**
lieber *plutôt*
Liebhaber *amant (m)*
Liebling *chéri, -e*
links *à gauche* **97**
Lippe *lèvre (f)*
Liter *litre (m)* **71**
literarisch *littéraire*
Loch *trou (m)*
Löffel *cuiller (f)*
Lohn *salaire (m)*
Lorbeer *laurier (m)*
los *on y va* **93**
löschen *éteindre*
Luft *air (m)*
Lüge *mensonge (m)*
Lust 93 *envie (f)*
lustig *drôle, rigolo*

M

machen *faire*, **sich - lassen** *se faire*
Macht *pouvoir (m)*
Mädchen *fille (f)* **89**, *nana (f)* <>
Magen *estomac (m)*
Mahlzeit *repas (m)*
mal *fois (f)*, **manch-** *quelquefois (f)* **erstes -** *première fois (f)* **89**
Malaria *paludisme (m)*
malen *peindre*
Maler *peintre (m/f)*
Mama *maman*
man 93 *on*
manche *certain, -e*
Mann *homme (m/f)*, **-schaft** *équipe (f)*
männlich *masculin, -e*
Markt *marché (m)*, **-lücke** *créneau (m)*
Marmelade *confiture (f)*
Marokko *Maroc (m)*
März *mars*
Match *match (m)*
Mathematik *math, mathématiques (f/pl)*
Matratze *matelas (m)*
Matrose *marin (m)*
Maus *souris (f)*
Mechaniker *mécanicien (m)*
Meckerer/-in *râleur, -euse* <>
meckern *râler*
meditieren *méditer*
Medizin *médecine (f)*
Meer *mer (f)* **89**, **-es-früchte** *fruits de mer (m/pl)*
Mehl *farine (f)*
mehr *plus*, **immer -** *de plus en plus*
mehrere *plusieurs*
meinen *vouloir dire*
Meinung *avis (m)*
Menü *menu (m)* **61**
Messer *couteau (m)*
Metzger *charcutier (m)*
Mexiko *Mexique (m)*
Miesmuscheln *moules (f/pl)* **75**
mieten *louer*
Migräne *migraine (f)*
Mikrowelle *micro-ondes (m)*
Milch *lait (m)*, **-kaffee** *café crème (m)* **53**, **-laden** *crèmerie (f)*
Milieu *milieu (m)*
Million *million (m)*
mindestens *au moins*
Mineralwasser mit Kohlensäure *eau minérale gazeuse (f)* **57**
Minute *minute (f)*
mischen *mélanger*
Mist *zut* **43**
mit *avec* **21**, **- wem** *avec qui*
mitbringen *amener, apporter*
Mitglied *membre (m)*
mitnehmen *emmener*
Mittag *midi*
Mitte *milieu (m)*
Mittelmeer *Méditerranée (f)*, **-küste** *côte méditerrannéenne (f)*
Mittwoch *mercredi*
Möbel *meuble (m)*
mobil *mobile*
Mode *mode (f)*
Modell *modèle (m)*
modern *modern, -e*
mögen *aimer* **93**
möglich *possible*
Moment *moment (m), instant (m)* **57**
Monat *mois (m)*
monatlich *mensuel (m)*
Mond *lune (f)*
Montag *lundi*
morgen *demain* **17**
Motor *moteur (m)*
Mückenstich *piqûre de moustique (f)*
müde *fatigué, -e*
Mühe *peine (f)*
Müll *ordures (f/pl)*, **-mann** *éboueur (m)*
Museum *musée (m)*
Musik *musique (f)*
müssen *devoir*
Mut *courage (m)*
mutig *courageux, courageuse*
mutmaßlich *présumé*
Mutter *mère (f)*
Mütze *casquette (f), bonnet (m)*

N

nach *d'après, après* **97**, **(Richtung)** *à, pour* **39**
Nachbar *voisin, -e*
nachdenken *réfléchir*
Nachmittag *après-midi (f)*, **guten -** *bonne après-midi* **17**
Nachricht *message (m)*
nächster *prochain, -e*
Nacht *nuit (f)* **35**, **gute -** *bonne nuit (f)* **17**, **-club** *cabaret (m)*
Nachtisch *dessert (m)* **61**
nackt *nu, -e*
Nagel *ongle (m)*
nahe *près*
Nahrung *nourriture (f)*
Nahverkehrszug *train de banlieue (m)*
naiv *naïf, -ve*
Name *nom (m)* **21**
Narkose *anesthésie (f)*
naschen *grignoter*
Nase *nez (m)*, **die - voll haben** *en avoir ras le bol* <>

nass *mouillé*
Natur *nature (f)*
natürlich *bien sûr* **79**, *naturel, -le*
Nebel *brouillard (m)*
neben *à côté de*
necken *mettre en boîte*
Neffe *neveu (m)*
nehmen *prendre* **61**
nein *non* **21**
Nerven, auf die - gehen *énerver*
Nervensäge *casse-pieds (m)*
nervig *ennuyant, -e*
nett *gentil, -le, sympathique*
Netz *filet (m)*
neu *nouveau, nouvel,-le*
Neuigkeit *nouveauté (f)*
Neujahr *Nouvel An (m)*
nicht *pas*, **überhaupt -** *pas du tout* **17**
Nichtraucher *non fumeur* **53**
nichts *rien*
nie(mals) *jamais*
Niederschlag *précipitation (f)*
niedlich *mignon, -ne*
niemand *personne*
nirgendwo *nulle part*
noch *encore*
Norden *nord (m)*
nörgeln *râler*
Nörgler *râleur, -euse* <>
normal *normal, -e*
Norwegen *Norvège (f)*
Notausgang *sortie de secours (f)*
Notbremse *frein de secours (m)*
notieren *noter*
nötig *nécessaire*
Notizbuch *agenda (m)*
notwendig *indispensable, nécessaire*
November *novembre*
null *zéro*
Nummer *numéro (m)* **25**
nur *juste, seulement* **71**
nützlich *utile*

O

oben *en haut*
oberhalb *au-dessus*
Obst *fruit (m)*, **-torte** *tarte aux fruits (f)* **61**
obwohl *bien que*
oder *ou* **53**
Ofen *poêle (m)*
offensichtlich *évidemment, évident, -e*
öffentlich *public, publique*
öffnen *ouvrir*
oft *souvent*
ohne *sans* **53**
ohnmächtig werden *tomber sans connaissance*
Ohr *oreille (f)*
Oktober *octobre*
Olivenöl *huile d'olives (f)* **71**
Ölwechsel *vidange (f)*
Operation *opération (f)*
Opfer *victime (f)*
Optiker *opticien (m)*
ordentlich *en ordre, ordonné*
ordinär *vulgaire*
ordnen *ranger*
organisieren *organiser*
Ort *endroit (m), lieu (m)*
Osten *est (m)*
Österreich *Autriche (f)*
Österreicher *Autrichien*
Österreicherin *Autrichienne*
österreichisch *autrichien, -ne*

P

Paar *couple (m), paire (f)*
Paket *paquet (m)* **79**
Palast *palais (m)*
Panik, in - geraten *paniquer*
Panne *panne (f)*, **eine - haben** *tomber en panne* **93**
Papier *papier (m)*
Papst *pape (m)*
paranoid *parano* <>
Parfum *parfum (m)*
parfümiert *parfumé, -e*
Pariser *Parisien (m)*
Pariserin *Parisienne (f)*
pariserisch *parisien, -ne*
parken *se garer*
Parkplatz *parking (m)*
Partner *partenaire (m/f)*
Pastete *pâté (m)* **57**
Pass *passeport (m)* **25**
pathetisch *pathétique*
Pension *pension (f)*
perfekt *parfait*
Person *personne (f)* **35**
Personalausweis *carte d'identité (f)*
Petersilie *persil (m)*
Pfanne *poêle (m)*
Pfarrer *prêtre (m)*
Pfeffer *poivre (m)* **61**
Pferd *cheval (m)*
Pfirsich *pêche (f)*
Pflaster *sparadrap (m)*
Pflaume *prune (f)*
Pfund *livre (f)* **71**
picknicken *pique-niquer*
pikant *relevé*
Pilot *pilote (m)*
Pilz *champignon (m)*
Pistazie *pistache (f)*
Piste *piste (f)*
Platz *place (f)*
Platz nehmen *s'installer*
plötzlich *tout à coup, soudain*

Politik *politique (f)*
Politiker/in *politicien, -ne*
Polizei *police (f)*
Pommes frites *frites (f/pl)* **57**
Portugal *Portugal (m)*
portugiesisch *portugais, -e*
Post *poste (f), courrier (m),* **-karte** *carte postale (f)* **61**
Präservativ *préservatif (m)*
Preis *prix (m), tarif (m)*
Presse *presse (f)*
Prinz/-essin *prince, -sse*
privat *privé, -e*
pro *par* **35**
probieren *goûter, essayer*
Problem *problème (m)* **97**
Produkt *produit (m)*
profitieren *profiter*
Programm *programme (m)*
Projekt *projet (m)*
protestieren *protester*
Proviant *provisions (f/pl)*
Psychiater *psychiatre (m/f)*
Psychologe *psychologue (m/f)*
Psychologie *psychologie (f)*
Publikum *public (m)*
Pullover *pull-over (m)*
Pumpe *pompe (f)*
putzen *faire le ménage*

Q

Qualifikation *qualification (f)*
Qualität *qualité (f)*
Quittung *reçu (m)*

R

Rad fahren *faire de la bicyclette*
radioaktiv *radioactif*
Radiosender *poste (m)*
Rahmen, im - von *dans le cadre de*
Rand *bord (m), rive (f)*
rasieren, sich *se raser*
raten *deviner*
Rathaus *mairie (f)*
Ratschlag *conseil (m)*
rauchen *fumer*
Raucher *fumeur (m)*
Raum *pièce (f)*
rausschmeißen *mettre à la porte, virer* <>
Rechnung *addition (f)* **61,** *facture (f)*
Recht *droit (m),* **Recht haben** *avoir raison*
rechts *à droite*
Rechtsanwalt *avocat (m)*
reden *parler*
regelmäßig *régulièrement*
Regen *pluie (f),* **-schirm** *parapluie (m)*
Regierung *gouvernement (m)*
Region *région (f)*
reichen *suffire*
Reifen *pneu (m)*
Reihe *tour (m)*
Reinigung *nettoyage (m)*
Reis *riz (m)*
Reise *voyage (m)*
reisen *voyager*
Rendezvous *rendez-vous (m)*
renovieren *rénover*
Rentner *retraité (m)*
Reparatur *réparation (f),* **-werkstatt** *atelier de réparations (m)*
reparieren *réparer* **97**
Republik *république (f)*
reserviert *réservé* **39**
Restaurant *restaurant (m), resto (m)* <>
retten *sauver*
revolutionär *révolutionnaire (m/f)*
Rezept *(med.) ordonnance (f); (gastron.) recette (f)*
Rheuma *rhumatisme (m)*
rhythmisch *rythmé, -e*
richtig *juste*
Richtung *direction (f)*
riechen *sentir*
riesig *géant*
Roastbeef *rôti (m)*
Rock *jupe (f)* **75**
rollen *rouler*
Rollschuh *patin (m)*
Roman *roman (m)*
Röntgenbild *radio (f)*
rot *rouge* **75**
Rotes Kreuz *Croix Rouge (f)*
Roulette *roulette (f)*
Rücken *dos (m)*
Rückfahrt *retour (m)*
rufen *appeler*
Ruhe, in - lassen *laisser tranquille*
ruhig *calme, tranquille*
Rundfunk *radio (f)*
runtergehen *descendre*
Russe *Russe (f/m)*
Russland *Russie (f)*
rutschen *glisser*

S

Sache *chose (f)*
Sack *sac (m)*
Saft *jus (m),* **Orangen-** *jus d'orange* 57, **Obst-** *jus de fruit,* **Apfel-** *jus de pommes*
sagen *dire,* **- hören** *entendre dire*

Sahne *crème (f)*
Saison *saison (f)*
Salat *salade (f)* **57**
Salbe *pommade (f)*
Salz *sel (m)* **61**
Samstag *samedi*
Sandwich *sandwich (m)* **57**
satt, es - haben *en avoir marre* <>
Satz *phrase (f)*
sauber *propre* **89, - machen** *nettoyer*
sauer *acide*
Schachtel *paquet (m)* **79**
schade *dommage*
schaffen *créer,* **es -** *arriver à*
Schalter *guichet (m)*
scharf *fort*
Schatz *trésor (m)*
schauen (nach-) *regarder* **79**
Schauspieler *acteur (m)*
Scheibe *tranche (f)*
Scheidung *divorce (m)*
scheinen *sembler, paraître*
Scheinwerfer *phare (m)*
schenken *offrir*
Schere *ciseaux (m/pl)*
scherzen *plaisanter*
schicken *envoyer*
Schiff *bateau (m)*
Schimpfwort *insulte (f)*
Schinken *jambon (m)* **57**
schlafen *dormir*
Schlaflosigkeit *insomnie (f)*
Schlaganfall *attaque d'apoplexie (f)*
schlau *malin, -e*
schlecht *mal, mauvais, -e*
schließen *fermer*
schließlich *finalement, enfin*
schlimm *grave* **97, -er werden** *empirer*
Schlittschuh *patin (m)*
Schloss *château (m)*
Schlüssel *clé (f)* **35, -bein** *clavicule (f)*
Schmerz *douleur (f),* **-en haben** *avoir mal* **97**
schmollen *faire la tête*
schmusen *faire des câlins*
schmutzig *sale*
Schnaps *eau de vie (f)*
Schnee *neige (f)*
schneiden *couper*
schneien *neiger*
schnell *rapide, vite*
Schnupfen *rhume (m),* **Heu-** *rhume des foins (m)*
Schnur *ficelle (f)*
Schokolade *chocolat (m)*
schon *déjà*
schön *beau, belle* **89**
Schönheit *beauté (f)*
Schrank *armoire (f)*
Schraube *vis (f)*
Schrecken *horreur (f)*
schreiben *écrire*
schreien *crier*
Schritt *pas (m)*
Schublade *tiroir (m)*
Schuh *chaussure (f),* **-größe** *pointure (f)*
Schuld *faute (f)*
Schule *école (f)*
Schüler *écolier (m)*
Schülerin *écolière (f)*
Schulter *épaule (f)*
Schwager *beau-frère (m)*
Schwägerin *belle-sœur (f)*
schwanger *enceinte*
Schwanz *queue (f)*
schwätzen *bavarder*
Schweden *Suède (f)*
schweigen *se taire*
Schwein *cochon (m)*
Schweiz *Suisse (f)*
Schweizer/-in *Suisse (f/m)*
schwer *lourd, -e*
Schwester *sœur (f)*
schwierig *difficile*
Schwimmbad *piscine (f)*
schwimmen *nager*
schwören *jurer*
schwül *lourd*
Seele *âme (f)*
Seezunge *sole (f)*
sehen *voir*
sehr *très* **35**
Seide *soie (f)*
sein *être*
seit *depuis*
Seite *côté (m)*
selbständig *indépendant*
selbstverständlich *évidemment, évident, -e*
selten *rare*
Seminar *séminaire (m)*
senden *envoyer*
Senf *moutarde (f)* **71**
September *septembre*
Sessel *fauteuil (m)*
sicher *certain, sûr, -e*
Sicherheitsgurt *ceinture de sécurité (f)*
Sicht *vue (f)*
sie *elle (f), ils, elles (pl)*
Sie *vous*
Silvesterfeier *Réveillon (m)*
singen *chanter*
Sitz *place (f), siège (m)*
sitzen lassen *plaquer* <>
Ski *ski (m)* **93, - fahren** *faire du*
so *si,* **- sehr** *tellement*
sofort *immédiatement, tout de suite* **53**
sogar *même* **61**
so genannt *soi-disant*
Sohle *semelle (f)*
Sohn *fils (m)* **89**
sollen *devoir*
Sommer *été (m),* **mitten im -** *en plein été*
Sonne *soleil (m),* **-nbrand** *coup de soleil (m),* **-nbrille** *lunettes de soleil (f/pl),* **-nmilch**

crème solaire (f), **-nschirm** *parasol (m)*
Sonntag *dimanche (m)*
sonst *sinon*
Sorge *souci (m),* **sich -n machen** *se faire du souci, s'en faire* <>
Soße *sauce (f)*
so viel *tant*
spanisch *espagnol, -e*
sparen *épargner*
Spargel *asperge (f)*
spät *tard*
spazieren (gehen) *promener, se balader*
Spaziergang *promenade (f)*
Speck *lard (m)*
Speisekarte *carte (f)* **61**
Spezial *spécial*
Spiel *jeu(m), match (m)*
spielen *jouer*
Spieler *joueur*
Spinat *épinards (m/pl)*
spinnen *déconner* <>
Sport *sport (m)* **93**
Sprache *langue (f)*
sprechen *parler*
springen *sauter*
Spritze *piqûre (f)*
spülen *faire la vaisselle*
Spur *piste (f)*
Staat *Etat (m)*
Stadt *ville (f)* **25**
Stadtbesichtigung *visite de la ville (f)*
Stadtzentrum *centre-ville (m)*
Stand (Markt) *stand (m)*
ständig *permanent*
stark *fort, -e*
Stau *embouteillage (m), bouchon (m)*
Staubsauger *aspirateur (m)*
staunen *s'étonner*
Steckdose *prise de courant (f)*
stecken *mettre*
steigen, ein-, auf- *monter*
steigern *augmenter*
Stein *pierre (f)*
stellen *mettre*
Stempel *tampon (m)*
sterben *mourir*
Steuer *impôt (m)*
Stiefel *botte (f)*
Stil *genre (m)*
Stimmung *ambiance (f)*
Stockwerk *étage (m)*
stören *déranger, gêner*
Stoßzeit *heure de pointe (f)*
Strand *plage (f)* **89**
Strapaze *galère (f)* <>
Straße *rue (f)* **25, Einbahn-** *sens unique (m),* **-nlage** *tenue de route (f)*
streicheln *caresser*
Streichhölzer *allumettes (f/pl)* **79**
Streik *grève (f)*
Streit *dispute (f)*
streiten *se disputer*
Strom *courant (m)*
Strumpf *bas (m),* **-hose** *collants (m/pl)*
Stück *morceau (m)* **75**
Student *étudiant (m)* **21**
Studentin *étudiante (f)* **21**
Studium *études (f/pl)*
Stunde *heure (f)*
Sturm *tempête (f)*
Suche *recherche (f)*
suchen *chercher* **75**
Süden *sud (m)*
super *super (m)*
Supermarkt *supermarché (m)*
Suppe *soupe (f)*
Surfbrett *planche à voile (f)* **93**
süß *mignon, -ne, sucré, -e*
sympathisch *sympathique*

T

Tabak *tabac (m)*
Tablett *plateau (m)*
Tablette *cachet (m)*
Tag *jour (m), journée (f),* **guten -** *bonjour* **17**
täglich *quotidien*
Tal *vallée (f)*
Tampon *tampon (m)*
Tankstelle *station-service (f)*
Tanz *bal (m), danse (f)*
tanzen *danser*
Tanzfläche *piste (f)*
Tarif *tarif (m)*
Tasche *sac (m), poche (f)*
Tasse *tasse (f)*
Tat, in der - *effectivement*
Tauchen *plongée sous-marine (f)*
tauschen *échanger*
tausend *mille (m)*
Taxi *taxi (m)*
technisch *technique*
Tee *thé (m)* **53, Kräuter-** *tisane (f),* **-kanne** *théière (f)*
Teig *pâte (f)*
Teil *partie (f)*
teilen *partager*
teilnehmen *participer*
Telefon *téléphone (m)* **25, -karte** *télécarte (f)*
telefonieren *téléphoner*
Teller *assiette (f)*
Temperatur *température (f)*
Tennis *tennis (m)*
Termin *rendez-vous (m)*
Terrasse *terrasse (f)*
teuer, liebe/-r *cher, chère* **35**
Text *texte (m)*
Theater *théâtre (m)*
Theke *comptoir (m)*
Thema *sujet (m)*
tiefgekühlt *surgelé*

Tiefkühltruhe *congélateur (m)*
Tintenfisch *seiche (f)*
Tisch *table (f)* **61, - decken** *mettre la table*
Tochter *fille (f)* **89**
Tod *mort (f)*
Toilette *WC (m)* **35**
Tomate *tomate (f)* **71**
Ton *son (m)*
töten *tuer*
Tour *tour (m)*
Tourist *touriste (f/m)* **79**
traditionell *traditionnel*
Trainer *entraîneur (m)*
Traube *raisin (m)*
träumen *rêver*
traurig *triste*
treffen *rencontrer, retrouver*
trennen *séparer*
Trennung *séparation (f)*
Treppe *escalier (m)*
treu *fidèle*
trinken *boire* **57**
Trinkgeld *pourboire (m)*
Trinkwasser *eau potable (f)*
trocken *sec*, **sehr -** *brut*
trösten *consoler*
trotzdem *quand même*
tschüs! *salut!* **17**
Tür *porte (f)*
Türke *Turc (m)*
Türkei *Turquie (f)*
Türkin *Turcque (f)*
türkisch *turc, turcque*
Turm *tour (f)*
Tüte *sac (m), sachet (m)*
Typ *mec (m) <>, type (m)*

U

U-Bahn *métro (m)*
übel (körperlich) *mal au cœur (m)*
über *sur* **43, -all** *partout*, **-haupt nicht** *absolument pas*
überholen *dépasser*
überlegen *réfléchir*
Übernachtung *nuitée (f)*
überprüfen *examiner*
Überraschung *surprise (f)*
übersetzen *traduire*
übertreiben *exagérer*
überzeugen *convaincre*
Übung *exercice (m)*
Ufer *bord (m), rive (f)*
Uhr *heure (f)*, **um wie viel -?** *à quelle heure?* **39**
umarmen *s'embrasser*
Umfrage *sondage (m)*
Umgebung *coin (m), environs (m/pl)*
Umleitung *déviation (f)*
Umschlag *enveloppe (f)* **79**
Umwelt *environnement (m)*, **-schützer** *écologiste (f/m)*
umziehen *déménager*
Umzug *déménagement (m)*
unabhängig *indépendant*
unbedingt *absolument*
unbekannt *inconnu, -e*
und *et* **53, - dann** *et alors*
unendlich *infiniment*
unerlässlich *indispensable*
unerträglich *insupportable*
unfähig *incapable*
Unfall *accident (m)*
ungefähr *environ*
ungünstig *défavorable*
unmöglich *impossible*
Unsicherheit *insécurité (f)*
unter *sous*
unterhalten, sich *s'amuser*
Unternehmer *entrepreneur (m)*
unterschiedlich *différent*
unterschreiben *signer*
Unterschrift *signature (f)*
unterstützen *soutenir*
ununterbrochen *sans cesse*
Unwetter *tempête (f)*
Urlaub *vacances (f/pl)* **21**
Ursache *cause (f)*

V

Vanille *vanille (f)*
vegetarisch *végétarien, -ne*
Ventil *soupape (f)*
verabreden, sich *se donner rendez-vous*
verachten *détester, mépriser*
verändern, sich *changer*
veranstalten *organiser*
verantwortlich *responsable*
verbessern, sich - *s'améliorer*
verbieten *interdire*
verbinden mit *mettre en communication*
Verbrauch *consommation (f)*
verbrauchen *consommer*
Verdacht *soupçon (m)*
verdächtigen *soupçonner*
verdienen *gagner*
Verein *association (f)*
Vereinigte Staaten *États-Unis (m/pl)*
Verfügung, zur - *disponible*
vergehen *passer*
vergessen *oublier*
Vergiftung *empoisonnement (m)*
verhaften *arrêter*
Verhalten *comportement (m)*
verheiratet *marié, -e* **89**

verhindern *empêcher*
Verkauf *vente (f)*
verkaufen *vendre* **79**
Verkehr *circulation (f)*
Verkehrsmittel, öffentliche - *transports en commun (m/pl)*
verlassen *abandonner, quitter*
verliebt *amoureux, -se*
verlieren *perdre*
Verlust *perte (f)*
vermeiden *éviter*
vermieten *louer*
vernünftig *raisonnable*
verpassen *rater*
verrenken *fouler*
verrückt *fou, folle*
versagen, sich etwas - *se refuser quelque chose*
verschmutzt *pollué, -e*
versichern *assurer*
Versicherung *assurance (f)*
verspäten *retarder*
Verspätung *retard (m)*
Versprechen *promesse (f)*
verstanden *compris*
verstehen *comprendre*
Verstopfung *constipation (f)*
versuchen *essayer* **75**
verteilen *répartir*
Vertrag *contrat (m)*
Verwaltung *administration (f)*
verwechseln *confondre*
verwirklichen *réaliser*
verzeihen *pardonner*
verzweifeln *désespérer*
viel *beaucoup* **17**
vielleicht *peut-être*
Viertel *quart (m)*
Vogel *oiseau (m)*
voll *complet, complète, plein, -e* **43**
völlig *totalement, complètement*
vollkommen *complètement*
vor *(örtlich) devant* **75**, *(zeitlich) il y a*, **- allem** *surtout*
voraussehen *prévoir*
vorbeikommen *passer*
vorbereiten *préparer*
vorhaben, etwas *avoir un plan (m)*
Vormittag *matinée (f)*
Vorname *prénom (m)*
Vorschlag *proposition (f)*
vorschlagen *proposer*
Vorsicht *prudence (f)*
Vorspeise *entrée (f)*
vorstellen *présenter*, **sich -** *se figurer, s'imaginer*
Vortrag *conférence (f)*
Vorwahl *indicatif (m)*
Vorwurf *reproche (m)*
vorziehen *préférer*

W

wachsen *pousser*
wagen *oser*
Wagen *voiture (f)* **97**
Wahl *élection (f)*
wahnsinnig *dément*, **- mögen** *adorer*
während *pendant*
Wahrheit *vérité (f)*
wahrscheinlich *probable*
Wald *forêt (f)*
Wanderung *randonnée (f)*
wann *quand*
warm *chaud, -e* **89**
warnen *mettre en garde, prévenir*
warten *attendre*
warum *pourquoi* **93**
was? *quoi?* **79**
Waschbecken *lavabo (m)*
waschen *laver*
Wasser *eau (f)*
Wechsel *change (m)*
wechseln *changer*
Wecker *réveil (m)*, **auf den - gehen** *agacer*
weder ... noch *ni ... ni*
wegen *à cause de*
weggehen *s'en aller, partir* **39**
wegnehmen *enlever*
wegwerfen *jeter*
weh *mal*, **das tut -** *ça fait mal* **97**
wehren, sich *se défendre*
Weihnachten *Noël*
weil *parce que*
Wein *vin (m)* **61, Rot-** *vin rouge*, **Weiß-** *vin blanc*, **-karte** *carte des vins (f)* **61**, **-lese** *vendanges (f/pl)*
weinen *pleurer*
weiß *blanc, blanche*
weit *loin* **97**
weitergeben *passer*
Welt *monde (m)*
weniger *moins*
wenn *quand*, **- möglich** *si possible*
wer? *qui?*
Werbung *pub <>, publicité (f)*
werden *devenir*
Wettbewerb *concours (m)*
Wetter *temps*, **das - ist schön** *il fait beau* **89**
wichtig *important, -e*
widerlich *dégoûtant*
widersprechen *contredire*
wie *comme, comment*, **- viel** *combien de* **35**
wieder *de nouveau*, **- anfangen** *recommencer*, **- erkennen** *reconnaître*, **- sehen** *revoir*
Wiedersehen, - auf *au revoir* **17**
wiegen *peser*

wie viel *combien*
wild *sauvage*
Wildschwein *sanglier (m)*
Wind *vent (m)* **93**
Winter *hiver (m)*
wir *nous*
wirklich *vraiment*
Wirtschaft *économie (f)*
wissen *savoir*
wissenschaftlich *scientifique*
Witze machen *plaisanter*
wo *où* **25**
woanders *ailleurs, autre part*
Woche *semaine (f),* **-nende** *week-end (m)*
wohnen *habiter* **25**
Wohnung *appartement (m)*
Wohnwagen *caravane (f)*
Wolke *nuage (m)*
wollen *vouloir*
Workshop *stage (m)*
Wort *mot (m)*
Wunde *plaie (f)*
wunderbar *merveilleux, -euse*
wundern, sich - *s'étonner*
wünschen *désirer* **57,** *souhaiter*
Wurst *saucisson (m)*
wütend *furieux, -se*

Z

zählen *compter*
zahlreich *nombreux, -se*
Zahn *dent (f),* **-arzt** *dentiste (m),* **-pasta** *dentifrice (m),* **sich die Zähne putzen** *se brosser les dents*
zart *doux, douce; tendre*
zärtlich *tendre*
zeichnen *dessiner*
zeigen *montrer*
Zeit *temps (m),* **von - zu -** *de temps en temps,* **-verschiebung** *décalage horaire (m),* **zu meiner -** *de mon temps*
Zeitung *journal (m)* **79**
Zelt *tente (f)*
Zentimeter *centimètre (m)*
Zentralverriegelung *verrouillage centralisé (m)*
Zentrum *centre (m)*
zerstören *détruire*
Zeuge/Zeugin *témoin (m)*
Ziege *chèvre (f)*
ziehen *tirer*
Ziel *but (m)*
Zimmer *chambre (f)* **35, Doppel-** *chambre double (f),* **Einzel-** *chambre individuelle (f),* **Fremden-** *chambre d'hôte (f),* **Bade-** *salle de bains (f)* **35, Wohn-** *salon (m)*
Zitrone *citron (m)*
Zoll *douane (f)*
Zorn, in - geraten *se mettre en colère*
zu *trop* **35**
Zucker *sucre (m)* **53**
zuerst *d'abord*
Zufall *hasard (m)*
zufrieden *content, -e*
Zug *train (m)* **39**
zuhören *écouter*
Zukunft *avenir (m)*
zumindest *du moins*
zum Schluss *finalement*
Zündkerze *bougie (f)*
zunehmen *grossir*
zurückgeben *rendre*
zurückkommen *rentrer, revenir*
zurückrufen *rappeler*
zurückziehen, sich *se retirer*
zurzeit *actuellement*
zusammen *ensemble*
Zuschlag *supplément (m)*
Zustand *état (m)*
zwei *deux*
Zweifel *doute (m)*
zweifellos *sans doute*
zweifeln *douter*
Zwiebeln *oignons (m/pl)*
zwischen *entre*
Zylinder *cylindre (m)*

SOS

Das Allerwichtigste für alle Fälle

(ã, ẽ, õ) sind Nasale, genaue Aussprache siehe Seite 12 (Prononciation)

bitte	*s'il vous plaît* [ssilwuplä]
danke	*merci* [merssi]
keine Ursache	*de rien* [dö rjẽ]
ja	*oui* [wui]
nein	*non* [nõ]
ich verstehe nicht	*je ne comprends pas* [dschö nö kõprã pa]
langsam, bitte	*doucement, s'il vous plaît* [dussemã, ssilvuplä]
wiederholen Sie, bitte	*répétez, s'il vous plaît* [repeteh, ssilvuplä]
ich spreche kein Französisch	*je ne parle pas français* [dschö nö parl pa frãssä]
sprechen Sie Deutsch?	*vous parlez allemand?* [wu parleh allemã]
sprechen Sie Englisch?	*vous parlez anglais?* [wu parleh ãnglä]
sprechen Sie Italienisch?	*vous parlez italien?* [wu parleh itali ẽ]
ich bin Deutsche(r)	*je suis Allemand(e)* [dschö ssüi allmã, allmãd]
guten Tag	*bonjour* [bõjur]
auf Wiedersehen	*au revoir* [o rövoar]
vielen Dank	*merci beaucoup* [märssi boku]

Polizei	*police* [poliss]
Unfall	*accident* [akssidã]
Feuer	*feu* [fö]
Diebstahl	*vol* [wol]
Hilfe!	*au secours!* [o ssekur]
Arzt	*médecin* [mehdssẽ]
krank	*malade* [malad]
Krankenhaus	*hôpital* [opital]
wann?	*quand?* [kã]
wo?	*où?* [u]
wie?	*comment?* [komã]
wie viel?	*combien?* [kõbjẽ]
wer?	*qui?* [ki]
Flughafen	*aéroport* [a-eropor]
Bahnhof	*gare* [gar]
Busbahnhof	*gare routière* [gar rutjär]
Bank	*banque* [bank]
Wechsel	*change* [schãnsch]
Hotel	*hôtel* [otell]
Taxi	*taxi* [taksi]
Bus	*bus* [büss]
U-Bahn	*métro* [metro]
Stadtplan	*plan de ville* [plã dö wil]
Reisebüro	*agence de voyage* [aschãss dö voajasch]
haben Sie ...?	*vous avez?* [wusaveh]
gibt es ...?	*il y a?* [ilja]
ich habe kein Geld	*je n'ai pas d'argent* [dschö nä pa darschã]
wie viel macht das?	*combien ça fait?* [kõbj ẽ ssa fä?]

Bildnachweis

Albrecht Klare *69*
Boris Rostami-Rabet *15, 87*
Bernhard Schurian *1, 5, 33, 51*

Überfliegerr

Die **Überflieger** sind der Einstieg für alle, denen ein ganzes Lehrbuch zu langwierig und ein Sprachführer zu floskelhaft ist. Mit der ausgefeilten Methode der "Überflieger" können Sie schon in wenigen Tagen die notwendigen Grundkenntnisse erwerben, um sich in einem fremden Land zu verständigen. Praktische Tips zu Kultur und Alltag helfen bei der Orientierung.

Uwe Kreisel /
Pamela Ann Tabbert
American Slang in letzter Minute
(Buch: rororo 19623 /
Buch mit Toncassette:
rororo 19624 /
Toncassette: rororo 19705)

Iain Galbraith / Paul Krieger
Englisch in letzter Minute
(Buch: rororo 60908 /
Buch mit Audio-CD:
rororo 60909 /
Toncassette: rororo 60910)

Isabelle Jue /
Nicole Zimmermann
Französisch in letzter Minute
(Buch: rororo 60911 /
Buch mit Audio-CD:
rororo 60912 /
Toncassette: rororo 60913)

Efi Anthopoulou
Griechisch in letzter Minute
(Buch: rororo 19917 /
Buch mit Toncassette:
rororo 19919 /
Toncassette: rororo 19918)

Frida Bordon /
Giuseppe Siciliano
Italienisch in letzter Minute
(Buch: rororo 60914 /
Buch mit Audio-CD:
rororo 60915 /
Toncassette: rororo 60916)

Elisabeth Völpel
Portugiesisch in letzter Minute
(Buch: rororo 19686 /
Buch mit Toncassette:
rororo 19687 /
Toncassette: rororo 19736)

Christof Kehr
Spanisch in letzter Minute
(Buch: rororo 60917 /
Buch mit Audio-CD:
rororo 60918 /
Toncassette: rororo 60919)

Karl-Heinz Scheffler
Türkisch in letzter Minute
(Buch: rororo 19688 /
Buch mit Toncassette:
rororo 19689 /
Toncassette: rororo 19735)

rororo sprachen

Weitere Informationen in der **Rowohlt Revue**, kostenlos im Buchhandel, und im **Internet: www.rororo.de**

3451/7